U0624454

开发可持续食品价值链：指导原则

联合国粮食及农业组织 编著

葛 林 等 译

中国农业出版社
联合国粮食及农业组织

2019·北京

图书在版编目（CIP）数据

开发可持续食品价值链：指导原则 / 联合国粮食及
农业组织编著；葛林等译 . —北京：中国农业出版社，
2019.11

（FAO中文出版计划项目丛书）

ISBN 978-7-109-25623-1

Ⅰ. ①开⋯ Ⅱ. ①联⋯②葛⋯ Ⅲ. ①食品工业—产
业发展—研究—世界 Ⅳ. ①F416.82

中国版本图书馆 CIP 数据核字（2019）第 141652 号

著作权合同登记号：图字 01—2018—4704 号

中国农业出版社出版

地址：北京市朝阳区麦子店街 18 号楼
邮编：100125
责任编辑：郑　君
版式设计：杨　婧　责任校对：周丽芳
印刷：北京中兴印刷有限公司
版次：2019 年 11 月第 1 版
印次：2019 年 11 月北京第 1 次印刷
发行：新华书店北京发行所
开本：700mm×1000mm　1/16
印张：6
字数：136 千字
定价：49.00 元

引用格式要求：

粮农组织和中国农业出版社。2019年。《开发可持续食品价值链：指导原则》。中国北京。96页。许可：CC BY-NC-SA 3.0 IGO。

本出版物原版为英文，即 *Developing sustainable food value chains：Guiding principles*，由联合国粮食及农业组织于2014年出版。此中文翻译由农业农村部畜牧兽医局安排并对翻译的准确性及质量负全部责任。如有出入，应以英文原版为准。

本信息产品中使用的名称和介绍的材料，并不意味着联合国粮食及农业组织（粮农组织）对任何国家、领地、城市、地区或其当局的法律或发展状况，或对其国界或边界的划分表示任何意见。提及具体的公司或厂商产品，无论是否含有专利，并不意味着这些公司或产品得到粮农组织的认可或推荐，优于未提及的其他类似公司或产品。

本信息产品中陈述的观点是作者的观点，不一定反映粮农组织的观点或政策。

ISBN 978-92-5-108481-6（粮农组织）

ISBN 978-7-109-25623-1（中国农业出版社）

ⓒ粮农组织，2014年（英文版）

ⓒ粮农组织，2019年（中文版）

前　　言

可持续食品价值链开发可为发展中国家数以百万的贫困家庭指明脱贫道路。食品价值链是复杂的系统。事实上，弱势群体的真正成因并不那么显而易见。在通常情况下，要真正打破贫困循环需要同时解决多项挑战。反言之，这就意味着需要价值链中各个利益相关方之间开展协作，这包括农民、农业企业、政府和民间社会。如果挑战进一步加剧，则价值链的改进必须符合经济、社会和环境可持续性，即所谓的三重底线原则（利润、人类和地球）。

为应对这些挑战，世界各地公共、私营和非政府组织的发展实践者不断设计并实施着创新解决方案。这些实践者们有助于推进产品、技术、商业模式、政策环境等方面的升级。其中一些解决方案未能产生持久影响，而另一些解决方案则在改进体系规模和可持续性方面取得了成功。但是，无论通过哪种方式，都吸取了宝贵的经验教训。

在其作为全球知识中介开发包容、高效的农业与食品体系过程中，联合国粮食及农业组织（以下称粮农组织）推出了一套新手册以吸取并传播这些经验教训。本手册是该套手册中的第一册，旨在实现粮农组织的第四项战略目标：开发包容、高效的农业与食品体系。本手册提出了在实践中指导可持续食品价值链开发的总体框架和一系列原则。后续手册则以这个主题为中心，将关注该方法的特定方面，从体系的角度出发提出主要挑战和最有前途的解决方法。

本手册以及后续手册将有望分发到可持续食品价值链开发相关新概念和知识实践者手中。如果取得成功，将有望在提升农业企业与农业盈利能力、创造体面的就业岗位、增加公共收入、加强食品供应和改善自然环境方面产生更好、更快、更持久的影响。

Eugenia Serova

主任

粮农组织农村基础设施与农用工业部

致　谢

感谢为本手册的编制做出贡献的相关人员。

首先，特别感谢以下团队为本手册提供全程支持：Martin Hilmi［粮农组织农村基础设施及涉农产业司（AGS）］、Giang Duong（粮农组织农村基础设施及涉农产业司）和 Victor Prada（粮农组织农村基础设施及涉农产业司）。

还要感谢初稿审议人员，以及分析、插图或说明的作者。他们包括 Heiko Bammann（粮农组织农村基础设施及涉农产业司）、Florence Tartanac（粮农组织农村基础设施及涉农产业司）、David Hitchcock（粮农组织农村基础设施及涉农产业司）、Siobhan Kelly（粮农组织农村基础设施及涉农产业司）、Pilar Santacoloma（粮农组织农村基础设施及涉农产业司）、Emilio Hernandez（粮农组织农村基础设施及涉农产业司）、Djibril Drame（粮农组织农村基础设施及涉农产业司）、Eugenia Serova（粮农组织农村基础设施及涉农产业司）、Guy Evers［粮农组织投资中心司非洲处（TCIA）］、Claudio Gregorio［粮农组织投资中心司近东、北非、欧洲、中亚及南亚处（TCIN）］、Gunther Feiler［粮农组织投资中心司技术合作部（TCID）］、Astrid Agostini（粮农组织投资中心司技术合作部）、Luis Dias Pereira［粮农组织投资中心司拉丁美洲、加勒比、东亚及太平洋处（TCIO）］、Lisa Paglietti（粮农组织投资中心司非洲处）、Dino Francescutti（粮农组织投资中心司拉丁美洲、加勒比、东亚及太平洋处）、Emmanuel Hidier（粮农组织投资中心司近东、北非、欧洲、中亚及南亚处）、Jeanne Downing（美国国际开发署）、Andrew Shepherd（农业和乡村合作技术中心）、Bill Grant（美国马里兰州贝塞斯达 DAI 公司）、Mark

Lundy［国际热带农业中心（CIAT）］、Jean-Marie Codron［法国国家农业研究所（INRA）］、Paule Moustier［法国农业研究促进发展国际合作中心（CIRAD）］、Etienne Montaigne（法国国家农业研究所）、Cornelia Dröge（美国密歇根州立大学 Eli Broad 商学院）、Bixby Cooper（密歇根州立大学 Eli Broad 商学院）、Gerhard Schiefer（德国波恩大学）、Eriko Ishikawa［国际金融公司（IFC）］、Alexis Geaneotes（国际金融公司）、Andriy Yarmak［粮农组织投资中心司（TCI）］、Michael Marx（粮农组织投资中心司）、Kristin De Ridder（顾问）。特别感谢 Matty Demont（国际水稻研究所）、Jorge Fonseca（粮农组织农村基础设施及涉农产业司）和 Nuno Santos（粮农组织投资中心司近东、北非、欧洲、中亚及南亚处）对终稿进行了同行评审。

最后，我还要感谢 Larissa D'Aquilio 在出版过程中的协调工作、Simone Morini 的布图和封面设计、Paul Neate 的文案编辑和 Lynette Chalk 的校对工作。

执 行 摘 要

在过去的十年中，价值链（VC）已成为思考与实践发展的主要范式之一。这就是粮农组织推出这套可持续食品价值链开发（SFVCD）新手册的原因所在。本手册为第一册。这套手册旨在通过传播实地创新的解决方案，为决策者、项目设计者和实践者等目标受众提供可持续食品价值链开发的实际指导。

本手册作为第一册，为后续手册的编制提供了一个坚实的概念基础。本手册具体内容有：①明确定义了可持续食品价值链的概念；②提出并讨论了整合可持续性和增值多维概念的发展模式；③提出、讨论并阐释了可持续食品价值链开发的十项原则；④讨论了食品系统开发中应用价值链概念的潜力与局限性。

可持续食品价值链的定义

鉴于本出版物的目的，可持续食品价值链（SFVC）被定义为：

各类农场、企业及其连续的协同增值活动，包括以盈利方式生产特定农业原料，将其转化为特定食品，销售给最终消费者，以及使用后进行处置，且具有广泛的社会效益，不会永久耗尽自然资源。

不同于供应链等相关概念，可持续食品价值链概念同时强调三个重要元素。第一，价值链是一个动态的市场导向型体系，其中心维度是垂直协作（治理）。第二，这一概念应用广泛，通常覆盖一个国家的全部产品类别（如牛肉、玉米或鲑鱼）。第三，增值性和可持续性是其明确的多维性能评价指标。

可持续食品价值链开发模式

可持续食品价值链开发模式的前提条件是食品不安全成为贫困的首要特征。持续充足的家庭财政资源是有效食物供应驱动的保障。在供应侧方面，提升食品体系竞争力有助于减少消费者的食品成本或提高其收益。

作为经济增长引擎的价值链所创造的附加价值包括五个部分：

（1）职工工资；

（2）企业家和资产所有者的资产回报率（利润）；

（3）政府税收收入；

（4）改进消费者食物供应；

（5）积极或消极的环境净影响。

增值在经济、社会和环境可持续性方面完成了三次增长循环，并对贫困和饥饿产生直接影响。这三次增长循环为：

（1）由利润再投资和储蓄驱动的投资循环；

（2）由增加职工收入支出驱动的乘数循环；

（3）由社会和自然环境公共支出驱动的进展循环。

除了商业和财政可行性以外，可持续食品价值链开发的可持续性元素还涉及制度机制转型，从而提升增值分配公平度，并减少不可再生资源使用和影响。这三项可持续性维度密切相关：社会和环境可持续性日渐成为市场准入和竞争力的决定性问题。

起初，可持续食品价值链开发主要关注效率改进，因为效率改进可降低食品价格，增加食品供应，从而使家庭可以购买更多食品。然而，随着家庭收入的增加，家庭倾向于增加高价值食品的支出（营养价值更高、更方便、更健康或包装更好的食品），而不是增加他们的食品消费量。反过来，这种消费需求的演变成为各级食物链创新和价值创造的核心驱动因素，推动了食品供应进行持续改进，并使消费者更加受益。

这种模式揭示了与食物链发展相关的诸多谬误，如小农业应该受到保护，发展价值链只能帮助少数农民，以及粮食不安全问题可在食品体系内部得到解决。

可持续食品价值链开发的原则

可持续食品价值链开发需要建立一个特定的方法来分析形势，制定支持策略和计划，并评估发展影响。本手册中有十项相关原则涉及这点。

本方法并非简单地罗列出诸多常见的约束条件，然后建议逐一解决，而是作为可持续食品价值链开发的整体方法，来对价值链行为者无法利用现有的终端市场机会的相互关联的根本原因进行识别。

在持续开发周期中，这十项原则分为三个阶段：

第一阶段，绩效测评阶段，即评估价值链当前带来的经济、社会和环境成果及其相关的未来愿景（原则一、二和三）。可持续食品价值链开发项目应将实际和潜在的绩效差距作为价值链的目标。

第二阶段，绩效认识阶段，即从三个方面揭露绩效的核心驱动因素（或绩效不佳的根本原因）：价值链的利益相关方如何与其活动、经济、社会和自然环境相互联系（原则四）；商业往来中的个体利益相关方行为有何驱动因素（原则五）；以及如何确定最终市场的价值（原则六）。

第三阶段，绩效改善阶段，即跟踪一系列有逻辑顺序的行动：基于第二阶段的分析，利益相关方一致达成一项特定的现实愿景和相关核心价值链发展策略（原则七），并为支持策略实现预期的影响规模选择升级活动和多边合作关系（原则八、九和十）。

结论

可持续食品价值链开发为有效解决食品体系发展所面临的许多挑战提供了一个灵活框架。在实践中，对基本性质的误解很容易造成有限或不可持续的影响。即使从业者理解并严格执行可持续食品价值链开发的原则，这个方法也不能解决食品体系中的所有问题。食品价值链无法为每个人带来收入，无法涵盖食品体系层面的所有权衡取舍，也无法完全避免负面环境影响。这就需要公共项目和国家发展策略来解决这些局限性问题。然而，这类项目和策略在很大程度上是由价值链产生的税收提供资金支持，因此价值链，特别是可持续食品价值链开发，应在所有消除长期饥饿和贫困策略中处于核心地位。

摘　要

利用可持续食品价值链开发的方法来减少贫困，既带来了巨大的机会，也提出了严峻的挑战。可持续食品价值链开发需要一个系统性的方法来确定根源问题，需要创新思维来找出有效的解决方案，还需要广泛的伙伴关系来实施有巨大影响的项目。然而在实践中，对基本性质的误解很容易对价值链项目造成有限或不可持续的影响。此外，世界各地的开发人员正在从失败和成功中吸取宝贵的经验，但其中很多都没有得到很好的推广。这套新手册旨在通过为决策者、项目设计者和实践者等目标受众提供可持续食品价值链开发的实际指导，从而填补这些空缺。本手册作为第一册为后续手册的编制提供了一个坚实的概念基础。本手册具体内容有：①明确定义了可持续食品价值链的概念；②提出并讨论了整合可持续性和增值多维概念的发展模式；③提出、讨论并阐释了可持续食品价值链开发的十项原则；④讨论了食品系统开发中应用价值链概念的潜力与局限性。因此，本手册将可持续食品价值链开发置于所有消除长期饥饿和贫困策略的核心地位。

缩　略　词

CSF　　　关键成功因素
GAP　　　良好农业规范
IBM　　　包容性商业模式
ICT　　　信息和通信技术
ILO　　　联合国国际劳工组织
KTDA　　肯尼亚茶叶发展机构
PPP　　　公私合作关系
SFVC　　可持续食品价值链
SFVCD　可持续食品价值链开发
SMAE　　中小型农业企业
USP　　　独特的销售主张
VC　　　价值链

目　　录

第五章

潜力和局限性 ··· 63

第六章

图

插文

第一章　简介

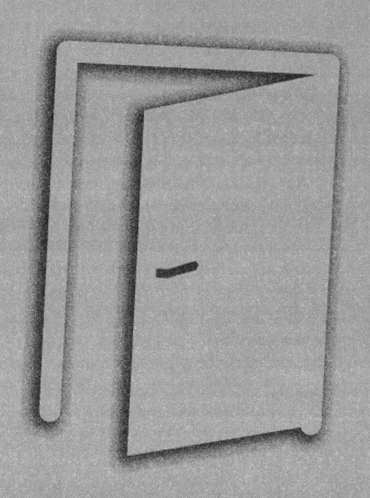

在过去 10 年中，价值链（VC）已成为主要的发展思考和实践模式之一。随之而来的是大量涌现的价值链各方面相关专题研究文献，特别是倍受推崇的价值链分析，以及层出不穷的通用和具体指导。[①] 其他价值链相关出版物主要关注本方法的特定方面，如价值链选择、策略发展、实施计划和扶持环境分析工具等。

数量庞大的价值链研究文献，以及多变的定义和方法，使统揽全局成为一道难题。虽然在近期的价值链出版物中，可持续性三重底线法迅速成为一项重要主题，但涵盖经济、社会和环境方面的该方法尚未在研究文献中得到全面、系统的呈现。此外，很多价值链发展，包括其潜力和局限性的实践研究仍仅限于小部分受众。同时，价值链框架在很大程度上仍然仅适用于发展实践者，从这一点而言，他本身并不完全建立在科学的基础之上。[②]

在此背景下，粮农组织推出了一套有关可持续食品价值链开发的新手册。[③] 本手册是该套手册的第一册，旨在通过传播实地创新的解决方案，为决策者、项目设计者和实践者等目标受众提供可持续食品价值链开发的实际指导。考虑到目标受众的公共性质，本手册主要从面向发展的角度来解决如何利用价值链方法大规模减少贫困并消除饥饿的问题。

本手册的目的是为可持续食品价值链开发的概念达成共识，以便为后续的手册提供支持。具体来讲，本手册旨在达到四项目标：①明确定义可持续食品价值链的概念；②提出并讨论整合可持续性和增值多维概念的发展模式；③提出、讨论并阐释了可持续食品价值链开发的十项原则；④运用食品体系发展中的价值链概念讨论潜力与局限性。

因此，本出版物不是又一本"如何做"价值链分析的手册。相反，它旨在为其他手册的实践指导提供一个坚实的概念基础。同时，它打算将引自学术语篇的见解付诸实践，并将从业者吸取的经验教训编制成册。根据国际惯例，这套手册讨论了可持续食品价值链开发的特定方面，包括投入供应体系、包容性商业模式、生产者组织、采后技术、投资促进、绿色价值链和其他各类议题。

---

① 例如，见 Donovan 等（2013）的比较评论，以及 da Silva 和 de Souza Filho（2007）的粮农组织具体实例。

② Gómez 等（2011）为改进食品价值链绩效评价的科学基础提出一项框架。

③ 为了清楚起见，这个术语是指开发食品价值链，且该价值链可持续。

本套手册特别关注将农民或渔民与最终食品消费者相关联的食品价值链。尽管对不同产品而言，可持续食品价值链通用原则差别不大，但食品价值链的四项独特特征却在细节上使其区别于其他价值链：

（1）我们都是食品价值链的组成部分；我们消费者的健康直接受到我们所吃食物的影响。食品如何通过其营养价值及其病原体携带能力来影响我们的健康是一个社会问题，需要公共部门进行严格监督。消费者的居住地、关注点，以及食品消费习惯和偏好对价值链的性质有强烈影响。

（2）在大多数发展中国家，农业和食品代表着即使不是最大，也是相当大部分的经济水平，特别在农业和食品从业者人数方面。食品价值链对于贫困人口来说特别重要，并对粮食安全产生直接影响。同样，食品价值链对于国家（和全球）政治来说也具有战略意义，进而往往直接影响到价值链行为者所处的商业环境。

（3）粮食生产与自然环境（土壤、水体、空气、遗传学），以及植物和动物的生命周期密切相关。因此，粮食生产还在不同程度上受到生产者控制范围以外的各种因素（如气候、疾病等）的影响，并且其产生的社会和环境的影响也日益从外部性①向内化生产成本转移。

（4）与之前各点相关的是，在一致性（主要是在农作阶段）和长期保存（易腐性）方面都难以控制食品质量。这需要对整个食品价值链进行制度、组织和技术升级，例如种子认证、良好农业规范、合同、标准、冷链、信息和通信技术（ICT）。

本手册的章节结构如下：

第二章引入了可持续食品价值链的概念，将其与相关但不同的概念相对比，并将其置于一个可持续价值链开发的框架之下。它强调了价值链作为动态的市场导向型体系的重要性，这一体系的中心维度是垂直协调（治理）。

第三章代表了可持续食品价值链开发模式。在将粮农组织的饥饿消除总体目标与价值链概念相挂钩之后，本章主要围绕的中心主题是将各个维度的可持续性与价值整合成为一个单一的模式。本章结论中对数个可持续

---

① 外部性是指不是通过价格转化的成本或利益。发生方不是造成成本或收益的货物或服务的买方或卖方。例如，一家工厂可能不需要为清理其污染的废水而支付费用，但其造成的污染会为附近的渔民造成成本。

食品价值链开发的相关错误进行讨论。

在第四章中，本手册系统地分析了十项原则，在价值链发展周期的三个阶段实现持续绩效改进：

第一阶段，绩效测评阶段，即对价值链相对于其潜力可以提供的当前经济、社会和环境成果进行评价（原则一、二和三）。

第二阶段，绩效认识阶段，即通过考虑价值链的利益相关方如何与其活动，以及体系中的经济、社会和自然环境相互联系，而揭露绩效不佳的根本原因（原则四）；这些相关性如何在商业行为方面驱动利益相关方的行为（原则五）；以及最终市场的价值确定如何驱动体系的动态变化（原则六）。

第三阶段，绩效改善阶段，即基于第二阶段的分析和利益相关方一致达成的愿景，遵循源自核心价值链发展策略的逻辑顺序（原则七），并选择可以实现预期影响规模的升级活动和多边合作关系（原则八、九和十）。

第五章简要论述了食品价值链开发的潜力和局限性；第六章则给出结论。

第二章 概念和框架

2.1 概念的定义

价值链这一概念在文献中有很多种定义，主要分为两大类：描述性/结构性定义（即什么是价值链）和规范性/战略性定义（即价值链应当是怎样的）。本手册采用的是战略性定义，因为这最契合实践者所面临的核心问题，即在某一特定国家因地制宜地开发价值链在政策、项目、方案方面应采取什么样的战略？

因此，本手册将可持续食品价值链定义如下：

> 各类农场、企业及其连续的协同增值活动，包括以盈利方式生产特定农业原料，将其转化为特定食品，销售给最终消费者，以及使用后进行处置，具有广泛的社会效益，并且不会对自然资源持续造成掠夺性消耗。[①]

"各类农场、企业"既包括取得产品直接所有权的价值链行为者，也包括各种商业服务提供者，如银行、运输公司、推广机构、投入物经销商以及加工企业等收取服务费的实体。其行为和绩效受其所处的特定商业环境的影响明显。

"协同"是指价值链中的治理结构超出一系列传统意义上的现货市场交易，至少在价值链的某些环节上具有一定程度的非对抗性垂直协同（Hobbs，Cooney 和 Fulton，2000）。这也表明，价值链（或网络）之间的竞争日益频繁，竞争不再仅仅局限于单个公司之间。尽管加强协同是大型加工企业和连锁超市所引领的食品价值链现代化的内容之一，但对于目前处于非正规交易的主粮来说，开发价值链也同样很重要。[②]

附加值这一概念既是本手册所采用的价值链战略性定义的核心，也是本手册作者所阐释的价值链开发模型的核心。中间农产食品类产品的增值方式不仅包括加工，还包括存储（即随着时间的推移而增值）和运输（即

---

① 该定义与 Kaplinsky 和 Morris 的 2000 年版定义的主要区别在于形式上的变化和内容上的扩展。

② 例如，参考 Reardon 等作者 2012 年对亚洲主粮价值链开发的阐释。

随着地点的转移而增值）。因此，对于价值链利益相关者^①来说，对附加值做出如下定义显得更为正式，即生产并交付食品所产生的非人工成本与消费者愿意为该食品所支付的最高价格之间的差额。非人工成本包括除支付给临时工和永久员工的工资之外的所有成本。价值链创造的价值体现在以下五个方面：

（1）员工工资；

（2）资产所有者净利润；

（3）税收，其中包括与腐败和敲诈有关的非法"征税"；

（4）消费者盈余，即消费者的心理价格与实际支付价格之间的差额；

（5）外部效应，是体现附加值的第五个方面。从广义上讲，价值链内部发生的活动会不可避免地对外部环境产生影响。外部效应包括消极效应（社会成本）和积极效应（社会价值）。例如，如果经济行为者造成了大气污染，而经济行为者并没有为此付出代价，那么，大气污染就成为消极效应，发生社会成本；反之，农场和农业企业可以增加农业区的生物多样性，或一条价值链上的投入物所产生的影响会对另一条价值链产生溢出效应，诸如此类，都属于对外部环境产生了积极影响，如果不产生回报，则属于积极效应，创造社会价值。社会附加值将对外部环境的影响也考虑在内。

图1将对附加值这一概念进行详细解析。

从商业角度讲，价值链的主要目标是利润最大化，实现这一目标的途径不仅包括消除低效环节，还包括创造价格好或销量大的产品，将特定价值链上的所有行为者的总收入最大化。换句话说，价值链的主要目标是在终端市场高效捕获价值，从而为价值链从生产到消费和处置各个环节所涉及的所有农场和企业创造更高的利润，实现共同认可的结果。此外，应当注意的是，不应片面地认为每一个环节只会增值，减值也是有可能发生的，例如，粮食在存储和包装过程中可能发生产后损失。

在社会影响方面，尤其是附加值和环境足迹在价值链内部的平衡分配，与价值链竞争力核心领域之间的相互作用日益明显，至少体现在以下两个方面：第一，可能需要进行权衡取舍，例如，如果采取更加环保的运

---

① 价值链利益相关者是指与价值链的绩效息息相关的所有利益方，包括农民、农业企业、营利和非营利服务供应商、消费者以及政府。

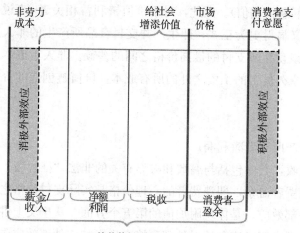

图 1　附加值概念解析

来源：作者。

作方式，就可能使价格失去竞争力；第二，社会可持续性和环境可持续性本身会成为价值创造和竞争力的源泉，例如，产品的绿色形象对消费者来说可能更具有价值，从而使该产品在市场上具有差异化。

　　价值链具有内消旋体式结构，价值链所处的层面介于国民经济这样的宏观层面和单个经济行为者这样的微观层面之间，因此，对价值链既可以从狭义角度进行理解，也可以从广义角度进行理解（狭义价值链可以理解为最终实现产品摆上售货架的企业和功能，例如，X 城镇的 Y 超市销售的 500 克包装的 Z 品牌牛肉馅；广义价值链可以理解为生产一系列相关食品产品所涉及的所有企业和功能，例如，Z 国家生产的牛肉在各种市场上的主要竞争对手都是其他国家生产的同类产品）。本手册提到的价值链主要是指广义价值链，从宏观上探讨价值链的增长对发展的影响。

2.2　关联概念

　　价值链概念有若干个关联概念，例如，filière（商品链）和供应链。尽管关联概念经常互换使用，但它们的含义还是有所区别的。关联概念是为了突破旧概念的局限性而逐渐形成的，并最终取代了旧概念。下面对其中的七个关联概念做简要探讨，即 filière、供应链、次级部门、波特价值链、全球商品链、网络链、包容性商业模式、食品体系和景观体系，详见附件"价值链概念的关联概念"。

Filière 分析法（也可叫做商品链分析法）是最早出现的关联概念，可以追溯到 20 世纪 50 年代。最初，商品链分析法用来专门研究如何优化实体产品的流通以及与大规模商品加工相关的转化率，主要是可可等出口农作物。随后，这一概念的范畴逐渐拓宽。今天，这一概念与价值链概念基本一致。

20 世纪 80 年代是概念大爆发时期，次级部门、供应链和波特价值链同时涌现。但这些概念都是通过对商品链分析法进行不同形式的拓展而形成的。

在技术进步和产业化的快速推动下，供应链概念在商品链概念中加入了商学院经济学要素，包括财务、信息、知识、公司间战略合作等。尽管如此，供应链概念围绕的主要问题仍然是优化产品和服务在供应链内部的流通，例如，物流。

次级部门分析法在商品链概念中加入了某一特定原料商品通过互相区别、相互竞争的渠道流通进入各种消费市场的路径描述，并引入了以下观点：次级部门是随着时间的推移而不断发生变化的动态系统。

波特价值链概念在商品链概念中引入了"价值链"这一术语，并提出以下观点：竞争性市场中的增值是从生产到消费这一系列活动的核心要素。然而，从本质上讲，波特价值链概念针对的是公司战略，而不是宏观经济发展。

价值链概念形成过程中的转折点随着全球商品链概念（Gereffi 和 Korzeniewicz，1994）的引入而出现。今天的经济发展范畴的价值链概念基本上是从全球商品链概念演变而来的。全球商品链概念对之前出现的关联概念的要素进行了整合，加入了链内治理的观点，即链内各种公司如何通过协同（或建立战略联系），增强竞争力，增加价值。全球商品链概念同时强调，如何实现这种协同，越来越取决于全球的大型采购商，例如，大型零售商和大型品牌营销商。因此，全球商品链概念着重突出了价值链的两个相互关联的驱动要素：终端消费市场的性质和全球化进程。

随着最初的价值链概念的局限性不断被发现，2000 年以来，价值链概念的衍生版本便不断出现。

网络链概念更明确地将横向关联（网络）以及横向协同和纵向协同的相互作用引入价值链模型。例如，农民形成组织会赢得更多的市场机会，就属于横向协同和纵向协同的相互作用。

包容性商业模式解决了如何将贫困人口纳入价值链这一问题——要么将其作为生产者，要么将其作为消费者。包容性商业模式概念具有附加效益，它一方面集中解决了价值链某一特定环节上的问题，比复杂的广义价值链概念更加容易管理，例如，在小农与加工企业之间建立直接联系。而另一方面，包容性商业模式的商业模式分析法性质，即重点围绕的是狭义领域的问题，使得这种模式面临一个直接的问题，即如何取得规模性影响。

本手册介绍的可持续食品价值链概念同样一脉相承。可持续食品价值链概念更为正式地将可持续性的广义维度加入价值链概念，并将价值链概念有针对性地应用于食品生产、加工和分销。

目前的价值链概念重点围绕单一商品进行探讨，具有一定的局限性。展望未来，一定会有更具全局视角的关联概念出现在该领域的前沿。例如，各种食品价值链之间并不是孑然独立、互不相关的。农民一般要同时面对多种农作物、牲畜或水产产品，做决策时需要进行综合考虑（即农业体系）。而商业服务、基础设施以及政策（例如，财政、市场和土地政策）往往不是专门针对某一单一商品的。

更具全局视角的关联概念包括食品体系和景观体系。食品体系概念综合某一特定国家的所有食品价值链形成单一概念。景观体系综合某一特定地理位置上所有相互作用的体系（经济体系、社会体系和自然体系）形成单一概念。

更具全局视角的关联概念在以下方面拓宽了研究领域：不同价值链之间的相对重要性评估、各种价值链之间及价值链与外部环境之间如何相互作用，以及外部环境发生什么样的有利变化才最有可能促进价值链的全面发展。

但最终，价值链实践者还是要重点关注价值链概念在特定食品产品上的具体应用。因此，这些新的关联概念将是对价值链概念的完善，并非是取而代之。本手册第五章"潜力和局限性"将进一步探讨运用价值链分析法在农业食品链开发方面的潜力和局限性。

2.3 可持续食品价值链框架

图 2 中的可持续食品价值链框架是在文献中能找到的所有价值链框架的基础上建立起来的。本质上，可持续食品价值链框架是一个体系，其中的农场和其他农业食品企业的行为和绩效都是由复杂的环境决定的。

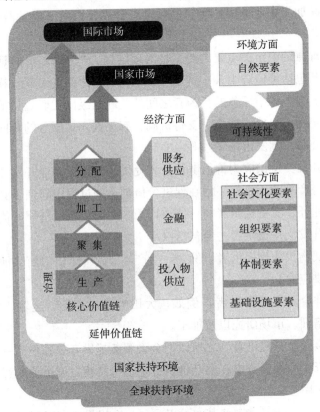

图 2　可持续食品价值链框架
来源：作者。

可持续食品价值链框架是围绕核心价值链建立起来的，与价值链行为者存在关联关系。价值链行为者生产出上游产品或采购上游产品之后，为产品增值，并将产品销售给下一环节。虽然价值链行为者主要是私营企业，但也可能包含公共机构购买者等公共部门（例如，粮食储备部门、世界粮食计划署等应急食品购买者以及军方购买者）。价值链某一环节的行为者也是多种多样的，在规模、技术、目标等方面各不相同，各自通过不

⑪

同的渠道，与各种终端市场建立联系。

价值链中，有四大核心功能（环节）的地位是突出的：生产（例如，农业、渔业）、聚集、加工和分销（批发、零售）。对发展中国家来说，聚集环节是食品价值链中尤其重要的环节。因为发展中国家小农生产者数量庞大且分散，单个小农生产者的产量相对较少，进行高效的聚集和存储是一个重大的挑战。聚集功能可以由生产者组织、专业从事聚集工作的中介机构或食品加工企业承担，偶尔也可以由食品分销商（批发商或零售商）承担。

核心价值链中至关重要的要素是治理结构。"治理"指的是各种关联的性质，既包括价值链中某一特定环节的行为者之间的关联（横向关联），也包括价值链中各个环节的行为者之间的关联（纵向关联）。"治理"要素包括信息交换、定价、标准、支付机制、有无嵌入式服务的合同、市场力量、龙头公司、批发市场体系等。

商业开发支持供应为价值链行为者提供了支持。商业开发支持提供者虽然不取得产品的所有权，但在促进价值创造的过程中起到了必不可少的作用。商业开发支持提供者与价值链行为者共同代表了延伸价值链。

商业开发支持提供者主要包括以下三大类：

（1）实物投入物提供者，例如，生产环节的种子供应商、加工环节的包装材料供应商。

（2）非金融服务提供者，例如，大田喷药、存储、运输、实验室检测、管理培训、市场研究以及加工。

（3）金融服务提供者。之所以把金融服务提供者单独作为一大类，是因为运营资本和投资资本在推动价值链走上可持续发展道路的过程中起到了根本性作用。

实践中，上述三类支持其实可以由同一个提供者同时提供（例如，同一个供应商可以通过投保或赊购的方式同时提供种子和化肥，并附带推广服务）。这些商业开发支持提供者可以是私营部门、公共部门或民间社会组织，可以直接成为治理结构的一部分（例如，包含服务的承包合同）。

最终，价值的决定性因素是消费者在国内市场和国际市场上选择购买什么样的食物（即所谓的"美元投票"）。所产生的效应会传导到生产环节、加工环节和支持提供环节。

价值链行为者和商业开发支持提供者在特定的扶持环境中运营，从中可以区分出社会环境要素和自然环境要素。

社会要素是构成人类社会的各种构想，可以分为以下四类：

（1）非正式的社会文化要素，例如，消费者偏好、宗教约束；

（2）正式的制度要素，例如，规章、法律、政策；

（3）组织要素，例如，国家级跨专业协会、研究教育设施；

（4）基础设施要素，例如，公路、港口、通信网络、能源网。

自然要素包括土壤、空气、水、生物多样性和其他自然资源。

在扶持环境中，可以进一步对国内环境（例如，一个国家出台的食品安全法）和国际环境（例如，《食品法典》等国际食品安全标准）进行区分。

价值链的可持续性同时在三个维度发挥作用：经济维度、社会维度和环境维度。在经济维度，如果对于每一个环节的价值链行为者或商业开发支持提供者来说，要求其从事的活动具有商业可行性（即商业服务有利可图）或财政可行性（这一点是针对公共服务的），那么，现有的或提议升级的价值链即被视为具有可持续性。在社会维度，可持续性是指加强价值创造所带来的效益和所发生的成本的分配结果为社会或文化所认可。在环境维度，可持续性主要取决于价值链行为者有没有能力在增加价值的活动中使对自然环境造成微乎其微或不对其造成任何消极影响。如果有可能的话，他们应该给自然环境带来积极影响。

从定义上看，可持续性是一个动态概念，具有周期性和轨迹性，即一个时期的绩效会对下一个时期的绩效产生明显的影响。本手册第三章"可持续食品价值链开发模型"将对可持续性概念做详细探讨。

第三章 可持续食品价值链开发模型

可持续食品价值链开发模型绘制的前提是，食品不安全象征着贫困。如果每个家庭的财务资源（收入、财富和支持）总是很充裕，足以持续满足家庭所需，这就会创造出有效需求，推动食品的供应。① 从供应的角度来说，由竞争驱动的食品体系的完善可以降低消费者的食品成本，或者，可以在不提高价格的情况下，增加食品的营养价值。

对相当部分人口来说，如果食品开支占家庭开支的比重比较大的话，降低食品成本就可以在减轻贫困方面起到明显的作用。大部分发展中国家就属于这种情况。因此，立足于可持续性和长期性，解决饥饿问题，就意味着既要解决经济体系绩效不佳的问题，也要解决食品体系不尽如人意的问题。尽管可持续食品价值链开发在这一过程中起到了核心作用，但仍需要有配套措施，包括可持续非食品价值链开发、改善扶持环境计划、促进自主创业计划和加强社会保护计划。

如图 1 所示，价值链创造的附加值由五部分组成：①工人工资；②企业家和资产所有者的资产回报（利润）；③政府税收；④更好的消费者食品供应（消费者盈余）；⑤对环境的最终影响（外部效应），可能是积极效应，也可能是消极效应。

附加值推动了三种成长循环——投资循环、乘数循环和进步循环。这三种成长循环影响着经济维度、社会维度和环境维度的可持续性，并对减轻贫困和饥饿有着直接的影响（图 3）。虽然在资源有限的星球上不可能实现无限的成长，但是，技术上的突破，加上配套制度的强化，将使我们在相当长的时间里只需消耗更少的资源就能够生产出数量更多或质量更好的食品。不管怎么说，成长，并平衡分配附加值，是帮助贫困人口摆脱贫困的必要条件。下面的 3.1 至 3.3 部分将在可持续食品价值链开发的范围内探讨上述三种成长循环。

---

① 粮农组织 2006 年定义的食品安全具有四个维度：易接近性（拥有获得食品的手段）、获得性（食品供应足质足量）、使用性（通过膳食保持健康生活、卫生条件、能使用清洁水、可享受医疗保健）和稳定性（获得性、供应性和使用性具有持续性）。这里需要指出的是，从长期发展的角度看，易接近性是驱动力，即有钱购买食品（或在享受社会保护的情况下可以获得食品）会推动食品的供应，进而解决食品安全其他三个维度的问题。

3.1 资产回报：农业商业化及中小型农业企业发展

劳动力得到的净收入与劳动力创造的产出价值应当是一致的，即劳动力生产率（每小时劳动所生产的商品或服务的价值）。为了提高劳动生产率，需要为劳动力提高资本化水平（例如，农业机械化），进而需要增加投资和运营资本。所需资金可以来自留存收益，也可以来自金融领域的贷款，通常后者更为常见。金融领域因国内财富不断积累而日益发展壮大，见图 3 投资循环。

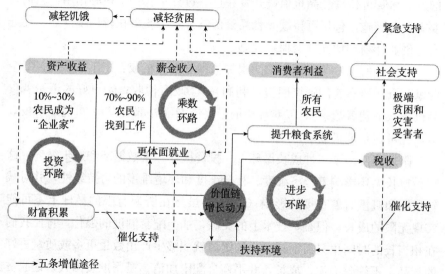

图 3　可持续食品价值链开发模型
来源：作者。

未来，农场劳动生产率的提高将通常离不开农场规模的扩大，土地等资源将从缺乏竞争力的农场向竞争力强的农场转移，雇佣劳动力将取代家庭劳动力。

资源的转移并不一定意味着所有权的转移，例如，土地所有者可以将自己的土地出租从而获得土地租金收入。成长阶段的农场企业在耕作运营方面（例如，投入物、土地整备）和产品营销方面（例如，推广、加工）越来越依靠专业企业。这会为中小型农业企业的发展提供很多机会。

资源转移反映了一个事实：小农群体具有多样性。有的寻求通过投资的方式对所从事的农业进行商业化延伸。有的属于净购买者或仅处在温饱水平，农业只是谋生或维持生计的一种手段，即从事农业只是一种向稳定的专业性收入过渡的策略。

需要承认的是，农业商业化属于一种创业的形式，只有小部分小农（10%～30%）有希望在竞争性的食品链中成为成功的企业家。

3.2 工资收入：创造体面工作机会

虽然食品价值链中的工资会随着农场劳动生产率的提高和下游对农业原材料的增值而增长，但与此同时，生产单位食品所需要的劳动力相对来说也越来越少。[①] 最终，大部分小农（70%～90%）将被迫摆脱贫困，在农业领域之外找到体面工作。[②]

这样一来，就会有部分农业劳动力被释放出来，需要通过其他领域的就业增长来予以解决：①提供支持服务的工作；②在创造了链内大部分附加值的食品价值链下游工作；③在非食品价值链工作；④自主创业。

尽管上述工作中的相当部分将出现在商业化农场和中小型农业企业聚集的农村地区，但大部分还是将出现在城镇地区（那里聚集了大型农业企业、食品批发商和零售商以及非食品产业）。不管是在农村地区，还是在城镇地区，尤其是在农村地区，参与价值链的企业家及其雇佣的工人将把不断增加的收入花在大部分是由自主创业者提供的产品和服务上（即图3中的乘数循环）。应尽可能地管理好这种从农业向其他产业的大规模转移，使之成为一个稳定的、渐进的过程。教育（尤其是职业培训）、流动性和城镇发展是这一过程不可或缺的要素。

---

① 这说明，劳动分工是经济增长原动力的核心。食品是我们赖以生存的产品，一刻也不能缺少，因此，食品供应是人们的基本需求。只有食品生产者通过提高食品生产率满足广大的非食品生产者对食品的需求，非食品生产者才能专注于生产其他产品或服务，或专注于国家治理。

② 国际劳工组织2007年将体面工作定义为男性和女性从事的生产性工作，能够提供自由、公平、安全和尊严的工作环境，可以提供以下性质的工作：生产性且给予公平收入的；工作环境安全且为工人及其家人提供社会保护的；提供个人发展机会且鼓励社会融合的；允许人们自由表达关心的问题、自由组织活动且自由参与影响其生活的决策的；保证人人机会平等、待遇平等的。

3.3 税赋：生态社会进步

价值链越发展，就越壮大，越盈利，越正规。这样一来，税基扩大，从而使扶持环境在完善教育、城镇基础设施等方面更具有财政上的可持续性。由于税收主要来自价值链附加值，因此，对失去了生活来源或遭受天灾人祸的人来说，价值链开发对财务安全网也做出了重大贡献。

在政治意志和企业家精神的驱动下，私营部门和公共部门取得了共同发展，公私合营模式既提供了高效的解决方案，也提供了有效的协同机制。

食品价值链的可持续性除了取决于商业可行性和财政可行性外，还取决于制度机制的实施，因为制度机制可以使源自价值链的纯收入（或附加值）得到更公平的分配，并减少对非可再生资源的使用，降低对非可再生资源的影响。

实现将价值链产生的效益进行公平分配的机制包括雇佣劳动、资产登记（例如，土地所有权登记）等方面的政策。降低对非可再生资源的影响的制度包括引入环境标准、捐税鼓励和环境商品市场（例如，碳信用额度市场）。

随着收入的增长，食品体系所产生的社会影响和环境影响对消费者和政府来说会越来越重要，并日益被纳入商业模型，计入食品生产成本，见图3的进步循环。

最终，在发达经济体，所有家庭都应能够通过就业或创业获得纯收入。就业或创业不仅能给家庭带来食品安全，还能给家庭提供收入。当一个家庭有了收入，就能够过上舒适的生活，就有能力把孩子送到学校接受教育，就能满足自身的住房需求和医疗需求，即使食品价格上涨，也不至于挨饿。

可持续食品价值链开发的重点最初主要是提高效率，降低食品价格，改善食品供应，从而使家庭能够买到更多的食品。然而，随着收入的增长，家庭更倾向于花钱购买高附加值食品，即营养价值高、食用方便或产品形象好的食品，而不是增加食品的消费数量。

这样一来，不断变化的消费者需求就成为在价值链的每一环节进行创新和价值创造的核心驱动力，从而形成对食品供应的持续完善，并增加消费者利益。

3.4　食品链误区

可持续食品价值链开发模型揭示了食品价值链开发的很多误区。

误区一　越小越好；城镇化是个障碍；应当保留小农农业。

在发展中国家，大部分食品都是由小农生产出来的，例如，据估计，非洲90%的食品是由小农生产出来的。诸多研究均得出以下结论：农场规模和生产率之间是反比关系（Berry 和 Cline，1979；Cornia，1985；Carter，1984；Heltberg，1998）。

小农在同一块土地上同时进行多种农业活动，例如，同时种植多种农作物并养殖小型牲畜。这种传统既增加了单位土地的效益，使单位土地效益多样化，同时，相对于大规模的单一作物方式来说，也缓解了自然资源的承压。虽然小农缺少现金，但与大型商业化农民相比，小农会少用化学品，多用天然投入物，多用劳动力，这有助于将其环境足迹保持在小范围之内。

小农数量庞大，属于贫困人口中的最贫困群体。很多小农流入城镇地区，寻求改变生存现状，使当地的服务机构和便民设施处于高负荷状态。这些事实似乎表明，改善小农农业可以为减轻贫困做出很大贡献。

但是，上述观点缺少条件，把发展和社会目标混为一谈，存在缺陷。

第一，小农消费了其生产的相当一部分食品，反映的是极端的经济环境，而不是经济机遇。甚至，即使一个国家的食品大部分是由小农生产的，而在市场上销售的食品仅有一小部分是由小农生产的。

第二，无论是小型农场还是大型农场，从商业角度来说，都不会一直是最佳选择。一个农场的最优规模，取决于农作物的性质、自然环境和农业食品体系的结构。此外，非常重要的一点，在减轻贫困方面，土地效率并不是衡量绩效的关键指标，而是劳动生产率在单位劳动力产值方面的表现。产值不仅由产量决定，还由议价能力决定。对于小农生产者来说，其议价能力因以下原因而被削弱：交易成本高、市场力量弱以及利用金融、服务和基础设施的机会有限。尽管小农场可以通过集体行为在一定程度上克服这些不利条件，但对于其运营来说，还是需要具有一定规模才行。运营规模根据商品的不同而不同。如果达不到一定的运营规模，谈商业可行性是不现实的。今天，发展中国家的很多小农并没有达到最低的运营规模。

第三，由于大部分小农农业并不正规，造成环境标准几乎不可能落实，从而削弱了小型农业的环保形象。小型农业的环保形象主要以降低劳动生产率为代价，因此，也就意味着收入减少和贫困加剧。

第四，与农村地区相比，城镇地区可以提供更多的就业机会，提供更高效的公共服务，例如，教育、医疗保健、公用事业。在农村地区，尽管农场的发展和溢出效应创造了新的回报更高的工作，但贫困家庭摆脱贫困的机会还是有限的。因此，为发展而做出的努力和减轻贫困计划应当针对迅速而灵活的城镇开发，在城镇地区创造回报较好的工作，并配套投资帮助农村贫困人口就业。[①] 不管是在农村地区，还是在新兴的或现有的城镇中心，还是靠近新兴的或现有的城镇中心，只要能具备一定竞争力的，就应当在那里开发农业产业（例如，开发食品园区），原因在于，这样一来，既可以在农村和城镇地区创造工作，也可以增加对农业原材料的需求。

最终，传统小农农业将无法实现高水平的劳动生产率，因为资本不足是传统小农农业的特征，其竞争力来自低成本的家庭劳动力。虽然在发展初期（以及可预见的未来）小农可以作为解决方案的一部分，但最终的目标并不是保证小农的生存，而是促使一部分小农转变为规模足够大、具有商业可行性的农业企业，并帮助其他小农集体转型。

上述两类小农各占多少百分比取决于地理位置、发展阶段和商品。然而，如果采取"大锅饭"策略，竭力使所有小农甚至是所有最贫困的小农在农村地区从事农业生产，实际上可能会妨碍在更大的范围内减轻贫困，进而影响减轻饥饿的可持续性。要把握好帮助小农短期内实现生存与长期延长困苦之间的界线。可持续食品价值链开发的目标并不是为了保留小农农业，而是广泛地创造工作、增加收入和积累财富。

误区二　食品价值链的开发只能帮助极少数农民，所以，不能只依靠价值链开发。

这一误区存在的根源在于对价值链开发的性质的两种错误认识：

---

① 这与世界银行于 2009 年和 2013 年分别发布的《世界发展报告》中提出的建议是一致的（世界银行，2009，2013）。

（1）食品价值链概念不只适用于面向出口市场和超市的高附加值农业食品产品，这两类市场均设置了苛刻的标准。食品价值链概念也适用于任何农业食品产品和任何市场。涉及大量小农的非正规的主食市场与正规主食市场一样面临着环境压力（例如，成本、消费者需求），因此，需要像高附加值食品价值链那样制定市场化的升级策略。

（2）目前，小农不仅仅以农民的身份分享食品价值链创造的附加值，还以下游企业家、求职者、消费者、税收资助支持计划的受益者等身份分享。对于很多小农来说，特别是勉强维持生活的小农，以及农村地区没有土地的贫困人口，与在自家农场上务农相比，通过上述途径摆脱贫困，重要性更明显，更具有可持续性。

虽然不可能把某一国家现有的农民全部或大部分纳入食品价值链的开发，但是，从长期看，在可持续性方面，食品价值链的开发仍然是帮助这一群体摆脱贫困的主要解决方案。

但这并不意味着价值链开发可以解决所有问题，还需要有针对非价值链领域的配套发展计划，例如，刺激对"产生溢出效应的企业"（例如，可以满足高收入群体需求的消费者服务机构）的投资，创造工作，为贫困人口中的最贫困群体提供协助，并解决环境问题。主要的前提条件是，食品价值链开发计划针对的是促进食品体系提高商业可行性和财政可行性。如果食品体系缺乏商业可行性和财政可行性，那么，食品体系作为一项社会支持策略，就缺乏可持续性，只适用于暂时性的过渡阶段（例如，新生产业的保护阶段）或紧急情况。

误区三　粮食不安全的问题可以在食品体系内得到解决。

从本质上讲，饥饿属于经济问题。要解决这一问题，就要求贫困人口的净收入增长。这仅仅通过农业和食品加工几乎是无法实现的。假如所有农民都大幅提高产量并销售产品，供应就很可能会超过有效需求，导致价格大幅下跌和食品损失。

对于上述假设的情形，可能的（或暂时性的）例外包括随时可以出口的产品或有新市场出现的或现有市场迅速增长的产品，例如，可以满足快速扩大的中产阶级市场的高附加值产品。假如农民生产的产品只用来满足自己的食品需求，而不是进行销售，他们就不会获得额外的收入作为投资资金用来提高生产效率。

因此，食品价值链的开发需要与已发现明确的市场增长机会并可以创造大量体面工作的非食品价值链开发同步进行。然而，食品产业链中的收获后环节（即收获和消费之间的环节）的开发，如果有足够的包容性，在初始阶段，就可以产生最广泛的影响，因为收获后环节对农业原材料需求和涉农家庭有直接影响。

3.5　可持续食品价值链开发模型：结论

　　本章节介绍的通用开发模型突出了两个主要的挑战：第一，需要理解对某一特定国家某一具体价值链影响最大的根本性问题、关键杠杆点和方法；第二，如何使公共部门、私营部门和民间社会结合成有效的合作伙伴（"金三角"），最终使农村贫困人口增加收入，摆脱饥饿。

　　第四章将介绍可持续食品价值链开发以应对以上挑战的十个核心原则。

第四章 可持续食品价值链开发十项原则

本手册第三章"可持续食品价值链开发模型"介绍的价值链开发模型要求采用一种专门的方法来分析食品价值链的现状，制定支持策略和支持计划，以及评估对发展的影响。

这种方法并不是简单地列出众所周知的限制条件，然后逐个提出解决方案建议，而是包含以下几个方面：以利益相关者的视角看待价值链；确定与价值链最相关且相互之间存在关联关系的限制条件，优先解决；制定具有整体性的升级策略和务实的开发计划，形成合力，实事求是地做到以利益相关者的视角看待价值链。①

第 2.3 部分中介绍的"可持续食品价值链框架"，具有整体性，可以用于指导价值链分析。价值链升级前和升级后的绩效衡量标准是建立在多维度附加值概念和可持续性概念基础之上。

虽然每个食品价值链都具有独特性，具有特殊的特征，并要求升级策略据此制定，但是，可持续食品价值链开发都是在互相关联的十大原则的基础上进行的（图 4）。

可持续食品价值链开发的第一步是"衡量绩效"。这一步是从经济产出、社会产出和环境产出这三个方面对价值链产生的实际结果与当初的愿景进行比较评估（原则一、原则二和原则三）。可持续食品价值链开发项目应将实际和潜在的绩效差距作为价值链的目标。

可持续食品价值链开发的第二步是"认识绩效"。这一步是要找出绩效的核心驱动力（或找出绩效不佳的根本原因），需要考虑以下三个方面：价值链利益相关者之间及其活动之间是如何相互关联的，以及是如何与其所处的经济环境、社会环境和自然环境联系起来的（原则四）；单个利益相关者在商业互动中的行为驱动力是什么（原则五）；终端市场是如何确定价值的（原则六）。

可持续食品价值链开发的第三步是"提高绩效"。这一步是一系列具有逻辑性的行动。在第二步所做的分析的基础之上，制定利益相关者认同且可以实现的具体愿景，并相应地制定核心价值链开发策略（原则七）；甄选升级活动和多方合作伙伴关系，作为核心价值链开发策略的配套支持，从而实现预期的影响规模（原则八、原则九和原则十）。

---

① 关于将这种方法应用于经济政策改革的案例，参考 2005 年 Hausman、Rodrik 和 Velasco 出版的著作。

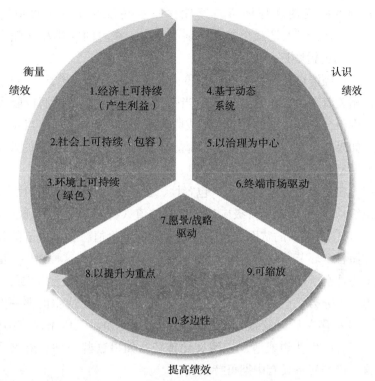

衡量
绩效

认识
绩效

1.经济上可持续
（产生利益）

4.基于动态
系统

2.社会上可持续（包容）

5.以治理为中心

3.环境上可持续
（绿色）

6.终端市场驱动

7.愿景/战略
驱动

8.以提升为重点

9.可缩放

10.多边性

提高绩效

图 4　可持续食品价值链的开发原则
来源：作者。

　　然后，在上述可持续性食品价值链开发的基础上，在更高级的水平上，再一次进行循环，即对提高绩效活动产生的效果进行绩效衡量评估。

　　下面将详细地对这十大原则进行探讨，每一个原则都配有案例分析。这些案例具有多样性，从 3 个大洲 10 个国家选取，包括牲畜养殖、渔业和作物农业领域 10 种商品。虽然这些案例在可持续性方面的一个或多个维度所存在的问题可能还没有完全解决，并非完全符合可持续食品价值链案例选取标准，但是，由于每个案例都很有针对性地说明了某一个特定原则，因此，本手册还是采用了这些案例。

4.1　衡量食品价值链的绩效——可持续性原则

　　构成可持续食品价值链开发基础的前三个原则是关于从经济可持续

性、社会可持续性和环境可持续性这三重底线视角衡量价值链绩效的。[1] 这三个原则也是三个相互区别的维度，在时间安排和优先次序方面有内在的逻辑顺序：

（1）在经济可持续性方面（竞争力、商业可行性、增长），对于每一个利益相关者来说，价值链升级应当带来比以前更高的利润或收入（或者，至少不会降低以前的利润水平或收入水平），而且，这应当具有可持续性。如果并非是所有利益相关者都能分享到这一模型所带来的效益，那么，该模型甚至不具有短期可持续性。

（2）在社会可持续性方面（包容性、公平性、社会规范、社会制度、社会组织），价值链模型升级应当产生附加值（特别是更高的利润和工资性收入），使足够多的贫困家庭受益。这种额外价值应在价值链的各个环节（按照各个环节所创造的附加值的比例）公平分配。这种额外价值不应产生不为社会所接受的影响。也就是说，每一个利益相关者（农民、加工企业等，不分男女老幼），都应感觉自己得到的是自己应得的那一份（共赢）[2]，且不存在任何招致社会反对的行为，例如，工作条件有损健康、使用童工、虐待动物或违反主流文化传统。如果这些条件和要求无法满足，这一模型就不具有中期可持续性。

（3）在环境可持续性方面，价值链模型升级应使附加值的创造不再依靠对自然资源（水、土壤、空气、动植物等）的永久性消耗。如果这些条件和要求无法满足，这一模型就不具有长期可持续性。

虽然为了阐释得更清楚，此处将可持续性的这三个方面分开介绍，但是，在实践当中，可持续性的这三个维度存在相互重合的领域，有时候，还需要在这三个方面之间做出权衡取舍（图5）。例如，不断演变的市场标准以及对其的评估通常也包括经济、社会和环境这三个维度。如果价值链行为者不能从一开始就做到同时解决这三个方面的问题（如标准中所述），就很可能无法进入市场。在实践当中，一些环保技术（例如，保护性农业可能就属于这种情况）可能比非环保技术利润更高，还有一些技术可能会降低利润空间（例如，可替代能源）。

---

① "可持续食品价值链原则"这一术语并不是新创造的词汇，例如，Ikerd 在 2011 年提出过。

② 对于每一个利益相关者来说，提高效益的过程可能不是同步的和一帆风顺的，但是，如果没有尝试，没有投入，没有经验教训，更是无法取得成功的。

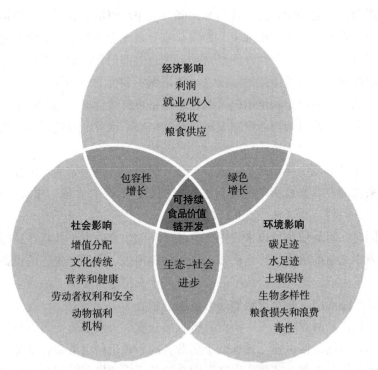

图 5　食品价值链开发的可持续性
来源：作者。

另外，提高社会可持续性和环境可持续性日益成为农业食品公司的战略目标，因为这决定了市场准入（标准符合性），并可能提高竞争力（市场差异化）。这样一来，社会可持续性和环境可持续性的提高可以为食品价值链提升价值创造力开辟新的途径。

原则一

可持续食品价值链开发具有经济可持续性确保食品价值链开发具有可持续性的第一步是找到可以大幅增加经济价值的机会

要确保经济可持续性，重点要放在价值链各个环节创造的附加值上。对延伸价值链中的每一个行为者来说，这种附加值（额外的利润、收入、税收和消费者盈余）需要是积极的。行为者的行为也需要不断变化，从而能够创造更多的价值。在这方面，公共部门和民间社会组织在某些延伸价值链中既是行为者又是服务提供者，可能算作例外。鉴于公共部门和民间社会组织的社会功能，公共部门和民间社会组织可能会在促进价值链升级的同时，并不获取部分附加值。如果政府总是无限提供资金，即作为具有财政可行性的年度公共预算的经常项目，公共部门和民间社会组织的参与就可以被视为具有可持续性。反之，如果做不到公共资源的无限投入，很明显，依靠公共资金的价值链升级就不具备可持续性，甚至，由于这种情况可能会打击价值链行为者对发展机会的信心，因此，可能还会导致消极效应。

由于价值是由终端市场（消费市场）的竞争环境决定的，因此，价值可以来自消费者愿意买单的任何方面，例如，更好的质量、味道、品牌、包装、某一特定原产地或有机产品。

同时，附加值也可以来自提高食品产品的生产效率，并将产品以提高生产效率之前的价格出售，例如，降低物理损失、采用更先进的设备以及形成规模生产。这种生产效率的提高有利于支持廉价食品产品的生产。廉价食品产品面向的是对价格敏感的贫困消费者。

根据市场的竞争水平，消费者将直接获取部分附加值，因为在升级价值链中，市场价格可能会远远低于消费者的心理价格（消费者盈余）。

正如第2.1部分"概念定义"中介绍的，价值链利益相关者通过以下四个方面捕获附加值：①公司利润提高，或者，从广义上讲，资产所有者回报率提高，包括储蓄回报和土地租金；②通过提高工作的生产力从而提高工人工资；③政府税收增加；④购买食品的消费者的货币升值。

附加值的第五个层面，即对环境的影响是积极的还是消极的（外部效应），主要与社会维度和环境维度相关，同时也涉及经济维度，例如，对价值链外部的家庭收入或个人收入的影响。

食品价值链的可持续性是一个动态的概念。附加值的产生并非意味着已经一次性地完成了向更高级的均衡的转变，而是开启了或加速了成长过程和结构转型。收入的增长、产品质量的提高和价格的降低刺激了对食品产品的需求。因此，对可持续性的评估应该是动态的，即不仅应该评估价值链的现状或一项支持计划结束时价值链的状况，还应该评估价值链的适应能力和成长性。

税基扩大带来税收增加，使政府能够以具有财政可持续性的方式改善商业扶持环境。把增加的利润用于恰当地再投资，就可以开启良性反馈循环，这也是经济可持续性的核心。

如果跨国公司的投资利润大部分通过内部划转的方式转移回国，而不是在投资国用于再投资，成长循环的进程就会很慢。另一方面，如果一国对这种利润转移加以限制，就可能导致本可以增加本国就业的投资转投其他不设限的国家，这也是为什么投资促进政策一般都不会设置这种限制的原因。这种做法是为了实现平衡。

商业不存在具有可持续性的竞争优势这类事情。一个竞争优势创造的仅仅是挖掘下一个竞争优势的机会窗口。能够适应快速变化的商业环境才是最核心的竞争优势。

图6要说明的是，在公司层面如何建立经济增长模型，来说明良性反馈循环的结果。良性反馈循环是指从绩效（客户价值创造）到治理结构（例如，合同）再到利润（以及其他效益），再到升级（利润再投资），然后再回到绩效。

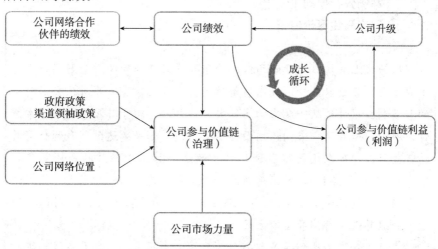

图6　良性反馈循环驱动可持续增长

来源：D. Neven，2009。

发展中国家的小微农业企业，包括商业化小农，一般都没有档案管理，金融知识水平通常也比较低。这些小微农业企业很大程度上对其盈利能力只是一知半解。这就使其盈利能力评估变得更加复杂，也使提高其生产率投资可持续性评估变得更加复杂。

在价值链开发计划中，通常将家庭劳动力价值和土地成本设定在远低于市场价格的水平（往往不计入成本），因而，盈利能力评估经常不是被遗漏，就是被搞错。但是，盈利能力是根本。对于经济发展来说，盈利能力虽然是基本要求，但往往得不到充分的评估。[①]

政策及项目建议

　　评估升级策略建议对价值链主要行为者盈利能力的影响，包括财务风险分析（对主要假设条件变化的敏感度），确保价值链主要行为者的行为变化和贫困减轻程度与预期一致。

　　评估升级策略建议在以下几方面的影响是否符合预期：所创造的新增工作数量（工资收入）、所产生的净税收以及所带来的消费者利益。

案例分析原则 1：
印度马铃薯价值链

　　从传统上来说，印度的马铃薯价值链一般不会因为质量好而产生更多的收益，导致农民缺乏提高质量的动力。因此，当百事可乐公司旗下的菲多利公司计划从印度采购马铃薯做薯片时，由于其质量要求非常严苛，所以，造成这一采购计划面临诸多挑战。如果要达到菲多利公司的质量要求，印度农民就得引进一种新的适合加工成薯片的马铃薯品种（"亚特兰大"品种），并采用新的农耕方式，这种新农耕方式的投入物组合与之前的不同，成本也高，还要采取新的产后操作，特别是在搬运、分级筛选、存储和运输方面。

　　显然，如果为达到菲多利公司的质量要求而需进行的升级活动不具有商业可行性的话，印度农民是不会参与进来的。一项在西盂加拉邦进行的研究表明，相对于印度传统的马铃薯价值链，按照菲多利公司的质量要求种植马铃薯，虽然成本上升 20％，但是，上升的成本可以被增加的收入抵消，并且根据产量和市场价格，最终的毛利比传统马铃薯价值链高 10％～50％。

---

　　① 然而，应当注意的是，利润可能不会立即兑现，因为投资成本和学习新的流程所需要的时间在初始阶段可能会产生消极影响（学习曲线）。

　　而且，除了财务激励外，还可以提高生产力，降低风险。这种商业模式属于订单农业，百事可乐公司2001年起就在印度推广订单农业计划。订单农业计划要素包括：免费技术推广服务、免费作物监测（即早起病害检测）、保障性市场和价格、赊购优质马铃薯种和其他投入物以及气象指数保险。这种商业模式由代理人推动实施，代理人指的是由百事可乐公司雇佣的当地人，负责当地农民与公司之间的联络，随时可以取得联系。

　　这一系列的经济激励推动了订单农业计划的快速推广。2008年，共1 800名农民参与订单农业计划，共产出1.2万吨马铃薯。2013年，共1.3万名农民参与订单农业计划，共产出7万吨马铃薯。有趣的现象是，随着时间的推移，风险防范动机取代了利润动机的优先地位。虽然有时候"亚特兰大"马铃薯的价格会下跌到印度传统马铃薯品种价格的一半左右（例如，2012年发生过），但是，越来越多的农民还是继续参与"亚特兰大"马铃薯订单农业计划，因为，"亚特兰大"马铃薯产量高且稳定，价格也稳定，带来的收益也稳定。即使部分产量（通常为10%～20%）达不到百事可乐公司的质量标准，参与订单农业计划的农民们也能很轻松地将这部分产量在传统市场上售完。

　　有明显的迹象表明，传统马铃薯渠道正在发生现代化，一部分原因可能是因为诸如百事可乐公司订单农业计划等项目的推广所产生的溢出效应。这种现代化包括经济型冷藏技术的发展（与电网的推广相关）、通过手机获取价格信息和引入改良植物品种。

　　来源：联合国粮食及农业组织，2009；Reardon等，2012；《印度商业线报》，2012。

原则二

　　可持续食品价值链开发具有社会可持续性可持续食品价值链的开发要求价值链升级所创造的附加值可以带来广泛的社会福利，且不发生社会不认可的成本。

　　可持续食品价值链开发的第二个方面，即社会可持续性，是指包容性这一至关重要的方面。虽然包容性指的是可以公平地利用资源和市场，在决策过程中有发言权，但是，包容性最终是与附加值的公平分配相关的，要将所做的投资和所承担的风险考虑进去。这不仅仅是社会所希望的，还通过乘数效应延伸了成长过程。不包容人口中占比较大的群体可能会导致社会动荡，进而破坏升级价值链的可持续性。

包容性包括四个方面，与原则一四个方面的经济影响有关（利润、收入/工作、消费者食品价值、税收）：

（1）第一个方面是从升级策略受益的，即利润实现增长的，小农生产者和中小型农业企业的数量。需要承认的是，并非所有的小农生产者和中小型农业企业都能应对这种价值链升级。但是，参与的数量还是应该越多越好，首先应该让商业化程度最高的那部分小农生产者和中小型农业企业参与进来。可以通过提供有针对性的支持或改善扶持环境鼓励其参与，从而产生自我选择过程。

（2）第二个方面是升级策略所创造的工作的数量和质量。这些新增的工作不仅包括升级农场新增的雇佣劳动力，也包括下游（包括创造了大量附加值的产后搬运、加工、物流等环节）的新增工作，甚至还包括非农业食品产业（例如，当地的建筑业、小型零售企业、消费者服务机构）的新增工作，这些产业主要受益于收入增加所产生的溢出效应。

价值链开发所创造的就业机会，对城镇贫困人口来说，是摆脱贫困的主要途径，对农村贫困人口（例如，勉强维持生计的农民、没有土地的贫困人口）来说，尤其如此。

创造大量就业机会与创造优质的就业机会是目标，但二者之间存在一定的矛盾。例如，创造一个全职工作可能会损失若干个兼职工作，而创造一个高薪工作（高薪的原因是劳动生产率高）可能会损失若干个低薪工作。在正常的发展模式下，某一特定经济活动的工作数量与工作质量呈反比（至少，相对来说是这样）。

（3）第三个方面与食品价值链的功能完善有关。提高效率和合理分配可以使贫困的消费者更容易稳定地获得更多的廉价食品，其中包括数量众多的小农生产者，他们是食品的净购买者。食品价值链升级可以降低主食物价攀升的可能性。在过去，主食物价的攀升通常会导致社会动荡（例如，2009 年爆发的大米价格危机）。对于高收入市场，提高标准以及通过加工等环节创造附加值可以为日益壮大的中产阶级提供数量更多、种类更丰富的方便食品。消费者，不管其收入水平如何，都可以受益于更安全、更有营养的食品产品。因此，从消费的角度来说，食品价值链开发可以带来意义重大、基础广泛的效益。

（4）第四个方面是从性质上来说，不太直观，指的是将价值链升级所产生的新增税收用于社会发展目标。税收可以用来资助或补贴转型支持计划，从而为没有被纳入商业食品价值链的家庭或仍然依靠低收入或临时工作勉强维持生计的家庭提供帮助。这类公共计划重点针对的是能力建设，例如，提供教育、帮助获得贷款和信息、促进流动、提供社交机会，从而推动这些家庭变得有能力获得收入更高的就业机会。此外，新增税收还可以对社会保护底线构成支撑。[①]

不管是哪一个方面，包容性关注的不仅仅是受益者的数量，还有受益者的特征分布，例如，性别、收入、年龄、地点（例如，在农村还是在城镇）、教育水平。从中受益的弱势群体越多，所产生的结果更易于被社会认可，从而更具有社会可持续性。

最后，整体影响评估也很重要。例如，如果某些农民或中小型农业企业家从某一特定计划或政策中受益，那么，这可能就牺牲了其他价值链利益相关者（工人、农民、企业家、消费者）的利益。虽然在开发某一特定价值链时，这种利益牺牲是在所难免的，但是，还是很有必要制订补充计划，为没有从其他具有可持续性的经济机会中受益的那部分群体提供帮助，或者，制订过渡性措施帮助那部分群体避免"硬着陆"。

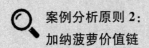

案例分析原则 2：
加纳菠萝价值链

蓝天公司对加纳菠萝价值链开发所做出的贡献是食品价值链开发在社会可持续性方面取得成功的典型案例。蓝天公司是一家水果加工企业，1998 年由外商直接投资创办，创办人与欧洲的各大超市有密切的联系。多年来，蓝天公司保持着持续的增长，在加纳不断扩张的同时，还将经营模式复制到其他国家（巴西、埃及、南非）。2010 年，蓝天公司的加纳

---

① 国际劳工组织将社会保护底线这一概念定义为一种对社会保护的担保，确保所有人类在其生命周期内都能获得基本收入保证，并在健康、水、卫生、教育、食品安全及住房等方面享受负担得起的各种社会服务（国际劳工组织，2011）。

业务板块共销售了 3 800 吨加工水果（菠萝和其他水果），实现销售额 2 400 万美元。虽然蓝天公司并不是一家社会型企业，但是，蓝天公司促进了价值链的包容性，且没有削弱公司的竞争力。在农民、工人、消费者和政府各个层面取得价值的同时，消极外部效应也降到了最低。

蓝天公司的供应商由约 200 名商业导向型的小农构成，总体数量较少。虽然这种模式并不是建立在订单农业计划的基础上，且蓝天公司仅收购在厂门或在收购点经分级后的水果，但是，蓝天公司的案例仍然是 2004—2009 年危机后小农高度参与加纳菠萝价值链的少数案例之一。当时，为了同中南美洲的生产者竞争，加纳按照市场需求引入了新的菠萝品种，同时，也开始向大型种植园经营模式转型。但蓝天公司仍然保持与小农的合作，继续提供免费培训、免费技术支持以及用于购买投入物和设备的无息贷款。供应商送货两周后即可结账，从不延误。价格一年一谈，从不低于生产成本，并会根据通货膨胀情况调价，还会针对公平贸易认证、道德贸易认证和有机认证进行加价。进行这些认证所发生的财务成本全部由蓝天公司承担。

蓝天公司加纳包装厂雇用了约 1 500 名员工，约 60% 属于永久员工。员工招聘采取的是专业化、多元化策略。管理层（包括总经理）40% 是女性。工资按最低工资标准四倍执行，工作环境安全、健康，还配备了大量的员工便利设施。蓝天公司所提供的工作很好地达到了联合国所定义的体面工作标准。

同时，消费者和政府也捕获了价值。消费者享受到了优质、健康、安全且符合道德生产标准的新鲜产品。蓝天公司主要为欧洲超市生产并空运鲜切小包装水果，从采摘到上架，48 小时内完成。近来，蓝天公司开始面向当地市场生产新鲜果汁。蓝天公司经营正规，净利润的 32% 用于纳税，为加纳政府提供了税收，加纳政府将税收用于扶持环境的运行和改善。

最后，蓝天公司的经营活动在环境方面优势明显，因此，降低了外部效应所造成的附加值在社会层面的损失。约 50% 的菠萝产量通过了有机认证。另外，菠萝在产区就近加工，不仅降低了运输所造成的环境影响，还减少了浪费，因为蓝天公司对食品废料全部进行循环利用，将其作为肥料返还农民。同样，蓝天公司对每千克单位产量的水和能源消耗量进行跟踪，持续将从总体上减少环境足迹作为发展目标。蓝天公司甚至为改善当地道路条件出资，使其他领域的经济活动或社会活动从中受益。

来源：Webber，2007；蓝天公司，2010，2012；德国国际合作机构，2011；Wiggins 和 Keats，2013。

除了可能发生的成本和利益分配不公平外，还要避免产生其他不被社会认可的结果，这也属于社会可持续性，是与制度相关的，即"游戏规则"（商业惯例、政策、规章、法律），例如，有关农场及食品加工企业劳动条件的、有关食品安全及食品营养价值的、有关饲养或屠宰阶段如何对待动物的，还包括广义的社会文化规范和惯例，例如，宗教（例如，清真认证加工、犹太认证加工、印度牛肉禁忌）、新鲜偏好（例如，活鱼、活禽）。这些规范和惯例日益被纳入食品生产加工标准，决定市场准入和竞争力。

政策及项目建议

评估并确保可持续食品价值链开发所产生的各种效益，即利润、就业、食品价值，在价值链各个环节、不同性别、不同年龄群体、不同收入阶层以及整个社会做到公平分配。

评估社会制度、文化规范、安全福利等方面产生不为社会认可结果的可能性，并将其最小化。

原则三

可持续食品价值链开发具有环境可持续性食品价值链的可持续性取决于把对不可再生自然资源造成的消极影响降到最低，因为农业食品体系严重依赖不可再生自然资源。

与其他类型的价值链相比，食品价值链可以说是严重依赖自然环境，并且对自然环境影响很大，尤其是在生产环节。当今，由于气候变化和自然资源匮乏，这种依赖性越来越突出。应当注意的是，严重依赖环境和环境影响是有所区别的。严重依赖环境威胁价值链的存在，需要尽快得到解决，例如，过度捕鱼会导致鱼类资源迅速枯竭，使用违禁化学品会导致市场排斥。环境影响虽然不对价值链的存在立即构成威胁，但是应当逐渐加以充分地解决，例如，把碳排放保持在法定标准以下。

降低严重依赖环境的风险，把环境足迹最小化，要求对价值链各个环节的运行加强控制。这可以通过采取先进实践（例如，保护性农业）和各种形式的升级（例如，浇灌、温室、合同农业、公共基础设施）实现。

食品价值链的环境足迹包括以下各种要素：

（1）碳足迹，例如，化肥生产环节和运输环节消耗能源所造成的碳排放；

（2）水足迹，即食品生产加工环节对水的消耗量；

（3）对土壤保持的影响，例如，营养成分的枯竭，可耕种的土地越来越少；

（4）对生物多样性的影响，例如，自然栖息地的丧失，大面积单一栽培所带来的风险；

（5）食品浪费和食品损失，及其与盈利能力、消费者偏好和包装之间的复杂关系；

（6）向环境排放毒素，即食品价值链任何环节向空气、土壤或水体排放的有毒物质。

公共部门和私营部门都日益需要对自身造成的环境影响进行跟踪，并证明在这一方面取得了进步。这使得制定和跟踪日益细化的环境标准越来越重要。进而表明，需要设置切合实际的量化指标。随着一条价值链的环境足迹或者价值链中某一特定行为者的环境足迹变得越来越可计量，把"环保"列入生产成本项目变得越来越可行，越来越成为主流做法，同时，也可以创造价值，提高竞争力。

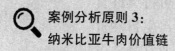

案例分析原则 3：
纳米比亚牛肉价值链

2010 年，纳米比亚出口牛肉 1.2 万吨，在国际市场上，属于相对较小的牛肉出口国。因此，纳米比亚不能只靠打价格战。纳米比亚的生产景观独特，牛是在优美的自然环境中饲养的，因此，基于环境可持续性的差异化策略就理所当然地成为提高竞争力的最佳选择。受市场驱动的纳米比亚牛肉价值链利益相关者有活力、有创意，他们通过纳米比亚肉食委员会进行合作。纳米比亚肉食委员会属于公私合作伙伴关系，通过召开会议、市场研究和技术支持，促进在价值链层面的协同。《纳米比亚农场放心肉计划》的设立，部分归功于纳米比亚肉食委员会的推动。该计划推销的牛肉产自纳米比亚放养牛，不添加任何激素，且保证符合动物福利标准。该计划同时符合良好农业规范、良好运输规范、良好兽医规范和良好制造规范。良好农业规范向客户保证，至少70%的动物饲料来自放牧。为了确保放牧不至于毁坏纳米比亚脆弱的生态环境，例如，灌木入侵，或是减少其他经济机会，例如，野生动植物的减少，该委员会通过培训和变更法律框架推行新的以社区为单位的草场管理规范和针对单个牧场的管理规范。其中一个关键的因素是，从根本上缓解自然资源的压力不是依靠降低牧群的数量，而是依靠更加科学的管理方法，例如，所谓的整体管理法，将重点放在限制整个牧群的移动上，而不是像传统管理方法那样，允许牧群随意游荡。这种管理方法既增加了每公顷的产肉量，也降低了牛肉生产所造成的环境足迹。

这一国家战略体现在纳米比亚肉联厂的市场营销策略当中，该厂是纳米比亚最大的牛肉加工企业。该厂于2008年推出了"Nature's Reserve"品牌，从批发销售转型为向高端零售商或食品服务供应商直销。该品牌使具有质量意识的消费者能够把纳米比亚牛肉与同类产品区分开来。

通过将纳米比亚的牛肉产业的绩效与其邻国博茨瓦纳牛肉产业的绩效进行比较，就可以发现这一策略能够成功的原因。博茨瓦纳虽然拥有相似的比较优势，但没有像纳米比亚那样采用基于环境的产品差异化策略。纳米比亚的出口增长迅速，远远超过博茨瓦纳，特别是在出口数量方面。同时，与博茨瓦纳相比，纳米比亚还出口附加值更高的冰鲜去骨分割牛肉，在高端市场的销售量也更多，销售价格更是高出20%～40%。纳米比亚屠宰总量中的大部分都作为"质量差异化"切割牛肉销售，有品牌，零售包装。与南非农民相比，纳米比亚出口商能够每年多支付给本国农民2 800万美元的溢价。

来源：van Engelen等，2012；粮农组织，2013a。

政策及项目建议

从数量和质量的角度，对照既定目标和最佳实践基准，评估升级策略在多大程度上降低了食品价值链环境足迹，并不断调整升级策略，直至实现既定目标，符合最佳实践基准，同时兼顾其他目标（社会目标和经济目标）和约束条件。

4.2 认识食品价值链绩效——分析原则

与其他很多开发方法不同的是，价值链开发着眼于整体，从而可以找出对终端市场机会没有加以利用的错综复杂的根本原因。从本质上说，找出这些根本原因意味着对"结构—行为—绩效"模型（Bain，1956）进行广义的动态解释。该模型要求对以下几个方面进行深入的理解：体系结构、体系结构如何影响利益相关者行为、利益相关者行为如何实现整体绩效从而改变体系结构。

食品价值链开发的分析环节是建立在原则四、原则五和原则六的基础上的。

原则四

可持续食品价值链开发是一个动态的、基于体系的过程。只有找出体系绩效不佳的根本原因并加以解决，才能从真正意义上有规模地实现食品价值链的可持续性。

价值链开发的第一步是设立假设前提：价值链是一个体系，这个体系中的任何事物包括每一个活动、每一个行为者都存在直接的或间接的相关性。因为必须从整体上认识价值链，才能认识价值链绩效，所以，绘制价值链是分析价值链绩效非常重要的一步。价值链不是孤立运行的，实际上，它是一个大体系中的子体系，与大体系中的其他子体系存在关联。农业食品价值链与诸多子体系相互关联，并受其影响，例如，市场体系、政治体系、自然环境、农作体系、基础设施体系、法律规范体系、财政金融体系、全球贸易体系、社会体系等。

因此，要改进某一特定价值链绩效（即解决导致核心问题的根本原因——表面看起来很不错的想法却没有实现的真正原因），最好的切入点可能就是这些相互关联的子体系中的某一个，而不是从价值链本身入手。子体系之间这种相互依赖的关系在形式上显得错综复杂的，其因果关系也并不总是那么简单明了。

几个观察结果由此产生：

第一，要在体系中的某一节点取得效果，更有效的方法可能是，从另一个切入点入手，促进变化的发生，而不是直接在目标节点推动效果的产生。例如，要提高农民的市场参与度，更有效的解决方案可能是，同银行合作向农民提供融资，或者，同加工企业合作推广订单农业，而不是直接同农民合作。

第二，如果只解决了体系中某一节点存在的问题，而没有同时解决其他节点存在的问题，那么，就可能不会对整个体系产生任何作用。例如，如果只培训农民如何使用一种新的设备，而农民仍然无法获得营运资本和维修服务，那么，这种培训将不会产生任何效果。换句话说，需要对各个问题的方案进行整合，而并不是简单地制定出各个问题的方案即可。

图 7 对这一点进行了解释说明，同时，描绘了产品流程（例如，从初级农场产品到食品成品）。在图 7 的 A 部分中，如果只解决了瓶颈一的问题，而没有同时解决瓶颈二的问题，那么，就不会产生任何效果，或收效甚微。例如，提供高质量的投入物，虽然提高了农场的生产效率，但如果交易成本太高或产品质量太低，造成增产的部分难以销售，那么，最终将不会收到什么效果。[①] 实际上，这还可能造成消极影响：产量的增加可能导致当地市场价格的暴跌，短期内，这可能使农村消费者受益，但中期看，会打击农民向商业化转变的积极性（Barrett，2008）。

第三，价值链开发的重点要放在约束条件上，因为解决了约束条件方面的问题，就可以实现效果最大化。一般来说，要放在体系的杠杆点或有效约束上，从而实现变化效果的最大化。这就意味着，必须按照约束条件发生约束作用的顺序来解决约束条件方面的问题，即所开展的活动的逻辑顺序是至关重要的（Demont 和 Rizzotto，2012）。因此，图 7 中 B 部分的

---

① 例如，Demont 于 2013 年揭示，由于没有在产后各个环节和各个阶段（附加值、市场营销）投入足够的资源，国家大米发展战略的效果被削弱了。

节点 3 即为杠杆点，因为节点 3 约束着更大范围的"流程"渠道，而图 7 中 A 部分的节点 2 则是有效约束，因为节点 2 对整个价值链的"流程"影响力最大。例如，为小农和中小型农业企业单独提供帮助，成本高，不容易做到，但通过杠杆点，例如，政策、服务供应商、市场、协会，可以同时接触到价值链中很多小型行为者。图 7 中 C 部分的节点 6 是一个缺失的环节，也可以作为一个杠杆点，因为节点 6 切断了价值链与更大的市场之间的联系。例如，将小农与吸收能力更强、价格更好的新开发的偏远城镇市场联系起来，与将其与较小的本地农村市场联系起来相比，可能会带来更好的发展机会，即使有待解决的约束条件更具有挑战性。

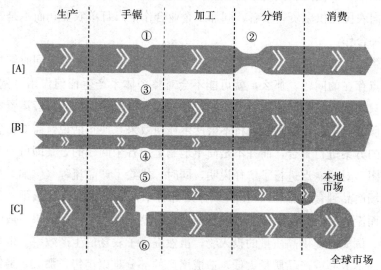

图 7　价值链中的约束条件和杠杆点的示例
来源：作者。

关键在于，对体系形成整体认识之后，就可以制定出更有效、更高效的支持性策略。

价值链是一个动态体系，认识其动力机制（体系是如何演变的）以及驱动因素和可能的影响因素是很有必要的。反馈循环包括正反馈循环和负反馈循环，推动体系向特定方向变化发展，产生的结果可能是想要的（例如，集群化成长），也可能是不想要的（例如，竞争力削弱）。有些结果是有可能被改变甚至被推翻的（例如，政府政策），但大部分结果只能是被接受，需要因势利导（例如，改变消费者行为）。

价值链动力机制的主要影响因素包括市场需求变化、技术、可用服务、盈利能力、风险、进入壁垒、大公司行为、投入物提供以及政策。价值链的动态性质及其运行环境要求设计价值链开发项目、计划或政策时必须有灵活性，并且，必须像其所支持的价值链行为者一样能够适应不断变化的环境。

要让价值链实现良好的绩效，适应性是最终的核心能力。此外，由于即使项目终止，变化也不会停止，因此，解决价值链绩效不佳的问题，可以采用持续伙伴关系的方法，而不是采用项目或计划执行固定期限的方法。

政策及项目建议

投资高质量的价值链研究，利用原始数据确定所观察到的绩效不佳的根本原因。这类研究不宜操之过急，应聘请有经验的专业分析师。

进行价值链绘制，以战略决策为目的，详细指出主要渠道、行为者类型、杠杆点和产品流程，但要避免过度复杂化影响整体效果。

找到价值链体系的动力机制，探讨其战略意义。

 案例分析原则 4：
菲律宾蔬菜价值链

本案例阐释的是，在狭义价值链层面，利益相关者采取动态体系的视角如何连续在价值链开发的每个阶段确定最关键瓶颈和杠杆点。

与其他很多国家情况一样，菲律宾快速扩张的超市已经成为推动蔬菜价值链变化发展的关键驱动力。菲律宾北棉兰佬蔬菜种植协会是新型的市场推动者，发挥着杠杆点的功能，将小农生产者与这些新兴的零售商和其他要求比较高的市场可持续地联系起来。在美国国际开发署和联合国粮食及农业组织的协助下，北棉兰佬蔬菜种植协会起到了杠杆点的作用，在约束条件出现的时候，即发现并解决了一系列的关键约束条件。

（1）聚集约束、资金约束和知识约束。北棉兰佬蔬菜种植协会 1999年由一群意志坚定的农民建立。该协会的独特之处在于，由两类相互区别但又紧密结合的农场组成：一类是微型的家庭农场，几乎没有投资资金；另一类是（现在仍然主要是）由独立的兼职农民经营的小型农场，可以获得一定的资金和技术。在针对至少 12 种蔬菜的以农作物为单位的市场营销集群中，将把这两类农场进行结合，可以使家庭农民有机会向独立兼职农民取经，也可以使独立兼职农民受益于聚集数量的增长。

（2）质量约束。多年来，为了满足购买者越来越苛刻的要求，北棉兰佬蔬菜种植协会采用了品质保证计划、生产进度表和可追溯制，所有成员均积极执行这个体系，并指定了牵头农民作为教练和质量经理。这个体系是透明的，实现质量目标和利益公平分配的责任由所有成员共同承担。假如小型家庭农场各自为政，既满足不了市场要求，产后损失也会大大增加（会达到 25%）。

（3）物流约束。2006 年，北棉兰佬蔬菜种植协会建立了一个集装中心，目的是提高效率。这个集装中心创造了一个杠杆点，不仅仅是针对市场营销的，也是针对采购投入物和服务的。同年，北棉兰佬蔬菜种植协会不再使用袋子搬运产品，而改为使用塑料箱搬运，这迫使同行纷纷效仿。整个体系的成本，即北棉兰佬蔬菜种植协会向成员提供这些各种各样的服务所发生的运营成本和管理成本，完全计入按价值向成员收取的费用（2%～5%），因此，这种模式也具有商业可行性。

（4）市场约束。北棉兰佬蔬菜种植协会利用其产量大和质量可靠的优势，绕过了各个层级的中间商，直接面向各种市场，包括超市、饭店、快餐连锁店、出口市场，以及本地传统的批发市场。这些市场的要求不尽相同，北棉兰佬蔬菜种植协会一方面需要持续适应不断变化的市场环境，另一方面，也因此能够向不同的市场销售不同质量等级的产品。

久而久之，北棉兰佬蔬菜种植协会的成员数量越来越多，产量越来越高，市场范围也越来越大。北棉兰佬蔬菜种植协会成员数量从 1999 年的 15 个逐渐增加到 2011 年的 178 个，如今，包括个体农民、合作社、基金和种植协会。总体上看，一共约有 5 000 名农民参与到计划中来。这一体系非常高效，既考虑到了农场门口交货价偏高的情形，也考虑到了零售价格偏低的情形，因此，既为农民创造了额外的净收入，也为消费者增加了利益。

来源：Concepcion、Digal 和 Uy，2007；《太阳星报》，2011a，2011b；2007，作者采访 Michael Ignacio（北棉兰佬蔬菜种植协会执行董事）。

原则五

可持续食品价值链是以治理为中心的。如果战略将行为假设和治理机制及其影响因素考虑进去的话，就会产生更高层次的影响。

要通过提高价值链绩效的方式产生影响，就要求价值链行为者做出行为改变。具体经济行为是由一系列具体的相互联系的经济因素、社会因素和环境因素形成的。如果想让价值链开发计划改变价值链行为者的行为，就必须对这些随意性很强的关系做到具体问题具体分析，并跨过有效约束的门槛值。例如，如果培训的主题并不属于有效约束（或并不是唯一的有效约束），或者，培训在内容方面或效果方面并不理想，那么，培训并不能带来行为改变（因此，也就没有取得成效）。

换句话说，价值链行为者的行为方式（内部运营方式和外部互动方式）取决于激励因素（投入物价格、产品价格、风险因素、文化、个人偏好、态度、交易成本）和自身能力（财务、人力资源、体质、社会、信息等）。行为者不同，激励因素和自身能力不同（例如，小农场与大农场比较、农业企业与食品分销商比较、女人与男人比较、老的与少的比较、农村与城镇比较等）。因此，价值链开发计划必须承认价值链行为者丰富的多样性。

例如，如果采用一项新技术所带来的风险过高，或者，对提高利润所产生的作用微乎其微，那么，即使会提高技术绩效，农民们也不会采用这项新技术。具体地说，正常条件下，增加化肥的使用量可能会提高产量，但同时也使农民面临更大的风险。如果作物歉收，或者，产量的增加所带来的收入提高仅够抵消生产成本的上升，那么，对农民手头仅有的宝贵现金只是一种消耗。在这种情况下，对于农民来说，购买更多的化肥会是一种不具有经济合理性的决策。

此外，农民认可了各种农业体系文献中的理念后，需要做出一项决策，如何在各种农业和非农业支出项目之间分配手上仅有的宝贵资源。这一点，在某一特定食品商品价值链开发中必须予以考虑。例如，农民可能做出决定，交学费应当比买化肥优先。因此，想要克服化肥用量低的根本原因，就可能要求一系列组合措施，包括投入物保险、高效施肥推广咨询（例如，推广保护性农业）、加强市场联系（例如，订单农业），甚至提供助学贷款。

在价值链中，激励要素和自身能力主要是由价值链行为者之间的纵向联系和横向联系的性质决定的。价值链行为者可以通过治理机制彼此之间纵向关联起来。治理机制是一系列连续的范围，从纯粹的现货市场交易，到合同机制和合伙制度，再到垂直整合。一个公司就可能包含价值链中的多个环节。

 案例分析原则 5：
肯尼亚茶叶价值链

肯尼亚茶叶价值链是价值链包容小农最成功的案例之一，这种成功体现在两个方面，一个是包容数量，另一个是包容程度。取得成功的主要原因在于独特的价值链治理结构。

肯尼亚的气候条件使其特别适宜种植茶叶。茶叶市场中的黑茶市场巨大，肯尼亚黑茶属于这一细分市场中的高品质品种。约 60% 的肯尼亚茶叶是由小农种植的。虽然小农收益比地产收益低（主要是因为小农从事的不属于劳动密集型产业），但是，小农茶农茶叶收入还是不错的，原因之一是因为茶叶品质好，主要原因则是下游大部分附加值是由小农茶农捕获的。

小农茶农把茶叶送到采购中心。茶叶从采购中心运输到肯尼亚 63个茶厂。每个茶厂都设有约 60 个采购中心（发挥质量控制点的功能）。每个采购中心从向该采购中心送茶的茶农中选举出 5 名作为委员会成员。茶厂董事会中有 6 名成员是从该茶场采购中心的委员会成员中选举出来的。茶场董事会监督专业的工厂管理团队的工作。采购中心将每名茶农所种植的茶树的准确株数存档，从而掌握从每名茶农那里的预计采购量。平均每个茶厂有 7 000 名小农茶农供货，每名茶农拥有 0.5～3英亩[*]的茶树。每个茶厂都是一个独立的公司，由向这个茶厂供货的部分茶农所有。这是实施私有化计划的成果，具有远见卓识。肯尼亚大约有 45 万名小农茶农，其中，15 万名是这些茶厂的股东，这些茶厂也再没有其他股东。

---

* 英亩为非法定计量单位，1 英亩≈0.4 公顷。

这 63 个茶厂共同拥有肯尼亚茶叶发展局。按照法律规定，所有小农茶农，包括那 30 万名不是茶厂股东的茶农，应通过肯尼亚茶叶发展局销售茶叶。2000 年后，肯尼亚茶叶发展局已成为私营公司，向茶农提供投入物，为茶厂提供人力资源服务（管理人员和文秘人员），并承担市场营销工作。大部分茶叶是在蒙巴萨以拍卖的方式销售的，但也越来越多地直接卖给茶叶包装商，包括一些日益壮大的肯尼亚包装公司。肯尼亚茶叶包装公司就是其中一家。肯尼亚茶叶发展局则是肯尼亚茶叶包装公司的大股东。这样一来，茶农甚至还捕获了茶叶包装环节的部分附加值。

由于肯尼亚小农茶农茶叶销售所产生的大部分利润都回流到了小农茶农那里，因此，肯尼亚茶农赚到的钱比邻国茶农赚到的钱要多得多。例如，卢旺达、乌干达和坦桑尼亚 3 个国家的"成品茶"（批量加工过的茶叶）的厂门交货价比肯尼亚低 10%～40%，这 3 个国家的茶农仅捕获了这一价格的约 25%，而肯尼亚茶农则捕获了 75%。

该治理体系并非没有瑕疵。虽然茶农是肯尼亚茶叶发展局和茶厂的法定所有人，但茶厂的决策权主要在肯尼亚茶叶发展局管理层手中。小农茶农并没有获得持续稳定的股东股息，而是采购中心在茶农交货时先支付一个固定数额，然后，肯尼亚茶叶发展局把茶叶卖掉后，从销售收入中扣除加工成本、市场营销成本以及管理费，才给茶农分红。这种支付结构造成了不满情绪（或急躁情绪），部分原因是肯尼亚茶叶发展局与茶农之间的沟通不透明，导致茶农不把茶叶卖给肯尼亚茶叶发展局，而是通过小贩卖给私人公司，因为私人公司在茶农交货时支付的钱更多，同时，也由此产生了肯尼亚小型茶农联盟。此外，肯尼亚茶叶发展局的商业策略是建立在过度依赖有限的购买者的基础上的，（内部包装业务）附加值很低，也造成这一体系整体面临巨大的市场风险。

来源：CPDA，2008；Knopp 和 Foster，2010；粮农组织，2013b；肯尼亚茶叶发展局网址：http://www.ktdateas.com。

由于一个价值链行为者能从交易当中获得多少效益，主要取决于治理机制，因此，对于交易各方来说，治理机制所代表的解决方案有

必要是共赢的，从而激励要素可以在价值链公平分配，并推动行为改变。

治理机制的性质是与价值链结构相关的，价值链各个环节的公司存在差异，包括公司规模、财务实力、网络联系、信息获取等方面。换句话说，价值链行为者在市场力量方面是有差异的。对价值链影响力最大的公司（龙头公司、渠道巨头）一般市场力量更大。这类公司在任何发展战略中通常都被列为必要的合作伙伴。

规模较小的价值链行为者（例如，小农、中小型农业企业）所采取的集体行动（或者说，横向协同）可以缩减价值链行为者之间在市场力量方面的差异，降低交易成本。商业服务提供者的经营范围（例如，投入物、金融、信息、运输）和广义扶持环境（例如，政策、计划、公共基础设施）对价值链行为者之间的纵向互动和横向互动有着重要的影响。因此，可持续食品价值链开发也可能需要改变商业服务提供者和政府官员的行为。

在价值链其他行为者的行为方面和扶持环境的有效性方面，信任是首要的宝贵资产，是价值链绩效的驱动力。缺乏信任会阻碍价值链绩效的产生。腐败和敲诈，会使价值链中的部分附加值流失，不利于信任的产生。另一方面，在整个价值链范围内，在竞争前空间①（例如，通过产业协会）进行合作，有利于建立起贯穿整个价值链的信任。

政策及项目建议

详细分析不同类型的价值链行为者如何进行垂直交易以及如何进行横向合作。

确定发生以下两种行为的根本原因：农民和农业企业家如何进行经营管理，以及如何与供应商和购买方建立联系（即多问"为什么"，并找到原因）。

---

① 竞争前空间是指在一定的领域内，公共部门和私营部门的利益相关者进行不影响相互之间竞争地位的合作。例如，各种竞争关系的公司和公共组织可能在研发项目上合作，或者，在建立国家产品形象上合作，从而所有参与方都可以受益。

原则六

终端市场是可持续食品价值链开发的驱动力

价值最终是由终端市场决定的，因此，任何升级
策略都必须直接地明确地与终端市场联系起来。

不管是否涉及跨国公司和全球市场抑或中小型农业企业和当地市场，价值链的绩效最终由其终端市场绩效决定，而在终端市场，食物的价值由消费者的采购决策决定。鉴于价值链的制定应当针对具体的终端市场机会，找到这些机会并将其量化是每一个价值链绩效提高策略能够取得成功的切入点。

消费者是否购买一件产品的决策依据将包括产品本身的内在属性（例如，外观、营养价值、味道、方便性、品牌、形象、包装、原产国）和产品的价格，而食品从生产到最终采购点这一过程的流程也逐渐被包含进去。因此，消费者在决策过程中会考虑环境足迹和（积极的或消极的）社会影响。

食品的终端市场并不是同类市场。不同的消费者，偏好各不相同。大众市场中有价格驱动细分市场和质量驱动细分市场，很多缝隙市场也是由各种各样的细分市场组成的。本地市场、全国市场、区域市场和全球市场等各个层面的市场都有细分市场。食品零售市场和食品服务市场（饭店）也有细分市场，最明显的两类是现代细分市场（超市）和传统细分市场。这些种类繁多的终端细分市场在规模、成长、价格、竞争力和关键成功要素方面差异很大。如何将价值链的（潜在）优势和（难以解决的）弱点与各种各样的细分市场的关键成功要素结合起来，以及如何使其达到竞争要约的标准和要求（立标杆），将形成最有前景的机会。

市场本来就是一个竞争的环境，适用达尔文进化论，假设没有市场扭曲因素（例如，保护性政策），只有"适应能力最强的"农场和公司才能生存下来。在这种情况下，所有市场都是全球性的，认识到这一点很重要，因此，本国食品产品在国内市场与进口同类产品竞争，仅仅是（通常情况下日益降低的）市场准入成本的竞争，即便保护性关税和非关税壁垒可能人为地抬高市场准入成本。

如今，食品体系日益被价值链所支配。在现代价值链中，一般都是由

大型加工企业和大型零售商把消费者需求转化为具体要求传达给供应商。这些具体要求越来越多地体现在不断变化发展、不断严格要求的产品标准和流程标准方面，而这些产品标准和流程标准则写入供货合同中，并且通常会包含可追溯性要求。

但是，虽然达到上述标准是获得特定市场准入的必要条件，但并不能确保这样就能成功地进入市场。一个价值链只有提出独特的销售主张后，才能够成功地进入市场，然后，只有持续完善该销售主张，才能扩大市场份额和增加销售收入。独特的销售主张，是通过品牌建设体现和传达的，与以下方面有关：产品的独特之处（例如，地理名称）、产品价格、优良的内在品质、优良的外在品质（形象）、可用性（季节性或产量）等，或者上述方面的综合体。由于独特的销售主张是价值链范围内所有活动的产物，因此，价值链范围内的合作是获得竞争力的关键因素。

最后，不管从长期趋势的角度看，还是从突发转变的角度看，细分市场要么成长，要么萎缩，而关键成功要素也会随之逐渐发生变化。例如：

（1）城镇化、收入增长和技术变革带来的生活方式变化可能会造成消费者偏好变化（主要涉及的是高附加值、更方便的食品产品）。

（2）市场政策和贸易政策（国家层面的、区域层面的和全球层面的贸易政策及协议）的变化能够深刻地改变市场机会。

（3）自然灾害（例如，干旱、洪水、动植物病害暴发）会突然改变市场条件，例如，迫使重要的竞争对手退出市场、替代产品的需求增加。

（4）公共机构食品采购分销（通过全国性组织或国际组织采购分销食品）的变化给市场既带来威胁也带来机遇。

（5）仓储技术、运输技术或加工技术的变革（例如，用木薯酿造啤酒），标准的改变，或者大型企业采用了某一特定标准（例如，大型零售商只把有机农产品或经过公平贸易认证的农产品归入某一特定产品类别），就会造成食品市场机会突然发生变化。

因此，价值链行为者必须同时面向多个细分市场（即拥有足够回旋空间的市场组合），才能够降低依赖性风险，还必须持续跟踪市场的变化发展，从而时刻做好准备，适应变化，退出不再感兴趣的市场，或者进入新的市场或新兴市场，使价值链绩效具有可持续性。

政策及项目建议

　　最好是根据特定加工企业或分销商提出来的需求，挖掘实际可以抓住的、具体的市场机会，并进行量化。

　　确定已知目标细分市场中构成竞争力的关键成功要素，以及待升级价值链的相关竞争优势。

 案例分析原则6：
塞内加尔大米价值链

　　大米是塞内加尔的主食。虽然该国塞内加尔河谷大米产量潜力巨大，但每年100万吨大米消费量中的60％却来自进口。因此，抓住这一明确的终端市场机会，开发国内大米价值链，对塞内加尔来说，潜力巨大。塞内加尔消费者认为塞内加尔河谷产的本土大米比进口大米质量低劣，这说明，塞内加尔消费者也把品牌和质量联系在了一起，原因是塞内加尔消费者已经习惯了从亚洲进口的优质品牌大米。此外，近期市场研究表明，城镇消费者愿意多出17％的价钱购买其偏好的品牌大米。由于45％的消费者是依据包装袋说明选购大米，而不是通过外观检查和感官检查来判断大米质量，因此，品牌建设和品牌认知在市场营销工作中起着非常重要的作用。

　　因此，塞内加尔开发具有竞争力的本土大米价值链所面临的主要挑战为：第一，提高本土大米质量；第二，聚集产量；第三，有针对性地制定并实施市场营销策略。至关重要的是，本土大米价值链需要建立在牢固的、具有商业可行性的基础之上。目前已经尝试着实施了一些项目，成功程度各异。其中一个项目是针对Terral牌大米的，很早就显示出了良好前景。

　　Terral是一个新的大米品牌，由比利时影响力投资公司Durabilis所有。影响力投资公司指的是以刺激低收入国家可持续发展为目标，投资和管理各种企业的公司。2006年，Durabilis公司从生产饮用水起家，并为此创建了一套分销体系。之后，该分销体系被用于分销零售小包装

Terral 牌大米。Durabilis 公司参与价值链的各个环节，包括生产、加工、分销和市场营销，进入了包括达喀尔在内的西非市场。这样一来，Durabilis 公司就同时直接应对了质量、产量、融资和市场营销等方面的挑战。

最初的结果是有前景的，供应商和购买方都急切地想与 Durabilis 公司接洽。2011 年，Durabilis 公司进行了一项试验，从传统市场采购了 200 吨大米，然后，将大米加工分包给了一家加工厂，再通过自有设施将加工好的大米进行包装，并销售给达喀尔市场的低收入细分市场。加工过程涉及一台小型新式加工设备的安装，这台设备是当地最先进的设备，加工好的白米与进口大米品质相当。在品牌建设方面，Durabilis 公司采取了把当地语言作为品牌名称（Terral 在当地语言的意思为"欢迎"）并与受印度启发而设计的具有国际感的品牌标识相结合。这种混合策略使 Durabilis 公司能够同时面向两类细分市场：一类是对具有"本土"感的大米品牌敏感的细分市场，另一类是对具有"异域"感的大米品牌敏感的细分市场。这项试验产生了 10 万美元的销售收入。2012 年，Durabilis 公司继续进行试验，开展了订单农业计划，涉及 15 个群体、450 名米农，共两个生产周期。该试验将稻米加工分包给了一家加工厂，共销售精白米 626 吨，实现销售收入 36 万美元，同时，创造了 25 个新的工作岗位，对 Durabilis 公司的大米业务进行运营和管理。不仅支付给农民的价格比传统现货市场高，而且是货到即现金结账。由于给农民付款和从购买方回款两个环节之间存在资金空白，Durabilis 公司从两家非营利社会投资基金（RootCapital 和 Alterfin）获得了一项贷款，以补充流动性。

至于这种模式从长期来看是否具有可持续性，还有待观察。但是，之所以这种模式能在别人失败的地方取得成功，主要原因在于价值链开发驱动力其实是价值链本身不可分割的一部分，并非只是临时起作用。另外，Durabilis 公司认识到了，在薄利多销的大米市场上，发展规模经济是至关重要的，因此，制订了远大的计划，着眼于长远发展。这些计划包括建设公司核心农场提高供应能力，开发高强化大米等高附加值产品，建设自有加工设施等，都具有提高商业可行性并降低生产风险和市场风险的潜力。

来源：美国国际开发署（USAID），2009；Demont 和 Rizzotto，2012；Costello，Demontand 和 Ndour，2013；Durabilis 网址：http：//www. durabilis. eu。

4.3 提高食品价值链绩效——设计原则

前六个原则对价值链绩效所做的是一般性描述。后四个原则可用于指导以下过程：对食品价值链当前绩效进行清晰而详细的理解，并将其转化为有效且高效的计划，从而支持或推动价值链开发。这一过程分为以下三个步骤：

（1）设立清晰的目标（愿景），并制定实现目标的方法（核心竞争力策略）；

（2）制订行动计划，从技术、制度和组织层面进行价值链升级，并取得规模性效果；

（3）设计实施监测评估体系，对照愿景，持续跟踪价值链绩效，并在必要之时、必要之处做出适应调整。

原则七

愿景和策略是可持续食品价值链开发的驱动力只有针对价值链中特定的节点和利益相关者，设立切合实际的发展目标，可持续食品价值链开发才会更有效。

一条核心战略把可持续食品价值链开发中的分析环节与实施环节联系到了一起。这条核心战略代表的是主要战略推动力，即一个强有力的主题，把本来相互独立的活动组织到一起，使各种利益相关者都专注于战略行动配套上，从而实现共同愿景。实践当中，复杂化会阻碍成功的实现。因此，即使在分析阶段将重点放在了价值链及其环境的复杂性上，也要尽量使所采取的战略和相关的开发计划简单一点，使战略具有针对性是实现简单化的必要条件。

战略必须在以下三个方面具有针对性：

第一，战略的制定必须围绕愿景。愿景是对价值链开发战略目标的描述，应当尽可能地切合实际，加以量化，并且对利益相关者来说得是可以接受的，甚至是具有启发性的。愿景必须在对价值链体系深刻认识的基础上，根据支持计划可用的资源，包含经济目标、社会目标和环境目标这三重底线（尽可能反映出权衡取舍），与国家发展计划和其他配套活动保持一致，且切合实际。

实现愿景要求利益相关者广泛介入、政治意志和企业家推动。单打独斗与有政治领袖、社区领袖和商业领袖介入对比，通常对价值链开发成败的影响迥异。可持续食品价值链开发计划必须承认现实，即在农业食品界别分组，既存在政府的政治影响力，也存在大公司的市场力量，并且，价值链愿景还必须能够反映这些现实。

第二，战略必须对准正确的目标利益相关者。从公共部门的角度讲，最终目标是要解决贫困问题，减轻贫困造成的饥饿，不是暂时性的，而要具有可持续性。这表明，价值链开发必须包容贫困人口。提到包容，并不是说实行"大锅饭"，也不是说把重点直接放在贫困人口中的最贫困部分而是与之相反。开发工作的重点应当放在小农和中小型农业企业中实力最强、最具驱动力和最具商业化的群体。为这类群体提供协助，例如，建立市场合作社，在可持续增长方面，会使投入的每一分钱所产生的影响达到最大。

可能多达一半的小农生产者属于维持生计导向型的（例如，Seville, Buxton 和 Vorley，2011）。这些农民不是主动选择从事农业，而是出于维持生计的需要。与努力改进农业活动相比，这些农民从扶持环境的改善中受益更大，因为这可以推动他们从农业向其他更有前景的经济活动转型，包括有工资的工作。对（农业产业等）食品价值链进行升级和延伸可以创造很多这类活动和工作。

所谓对准目标利益相关者，是指与大型农业企业或服务提供者合作，并不是把他们视为项目的直接受益者，而是视为项目开发中的重要合作伙伴。渠道巨头，例如，大型商业农场、大型食品加工企业、连锁超市，以及重要的服务提供者，例如，商业银行、投入物制造商，能够提供杠杆点，可以接触到很多小农生产者或中小型农业企业。

或者，也可以通过开发计划创造扶持环境，而不必针对特定利益相关者。但是，在实践中，这就意味着，将由精英群体捕获这一直接的有利条件。当然，如果精英群体代表的是商业化程度最高的小农的利益，且这些小农的成长具有驱动力，可以创造很多的体面工作并加强食品供应，即精英获取直接有利条件是建立在择优的基础之上，而不是政治性的，那么，精英获取直接有利条件就不一定会造成问题。当扶持环境改善包括土地市场更好地发挥功能时（例如，通过明晰的土地所有权规定和土地投资规定），比起在土地上务农，勉强维持生计的小农就有可能从土地出租当中获得更多的收入。最终，不管是直接被作为目标，还是主动参与，都必须有一批核心的更具有创业精神的农民和农业商业服务提供者参与，才能使可持续食品价值链开发具有可行性。

第三，战略必须使价值链上的在成长、减轻贫困和环保等方面有可能取得最好效果的环节（杠杆点或根本原因）的一系列升级活动具有针对性。原则八会对升级做进一步探讨。

政策及项目建议

在没有首先为价值链制定切合实际的愿景以及（大部分）利益相关者认可的实现愿景的核心战略之前，不要从分析阶段进入规划阶段。

仔细选择目标，确保价值链开发战略和计划尽量简单。如果太复杂，会阻碍操作的成功。

要针对价值链中的或扶持环境中的可以对竞争力和可持续性产生最大影响的利益相关者和杠杆点。

案例分析原则 7：
中美洲咖啡价值链

这个案例要说的是，21世纪初国际咖啡价格危机之后，一个由美洲开发银行资助的项目是如何采用针对性强的方法持续提升哥斯达黎加、萨尔瓦多、危地马拉、洪都拉斯和尼加拉瓜的咖啡价值链的。所采用的模式包括三个核心组成部分：进入市场、培训机会和协同以及建立合作。

该项目的目标是实现以下愿景：可持续地整合中小型咖啡生产商，进入美国的特种咖啡市场。在美国已经找到了一批特种咖啡消费者，这些生产商成为该项目的直接行为者。

　　该项目有选择地以符合下列条件的小农生产者合作社为目标：种植地点在海拔1 200米以上（属于特种咖啡种植要求），至少有10％的产量用于出口，有完善的基础设施用于全年的生产经营活动，年产量不低于150吨，财务状况稳定，以及能用上水和电。而美国的咖啡购买者则参与了生产者选择过程，并承诺：只要咖啡豆达到既定质量标准，就会从选择的生产者那里购买一定数量的咖啡豆。通过把少量的"精英"中小型生产者作为目标，该项目就更有可能成功地说服农民生产附加值更高的特种咖啡。

　　之后，该项目为被消费者选中的生产者提供配套资金，用于基础设施（咖啡清洗站）投资和技术援助，主要为了一个中心目标：达到质量标准，进入全球特种咖啡市场。在这个过程中，本国生产者和国外购买者之间的联系得以建立并巩固。

　　这个针对性很强的支持策略取得了成功，为经济、社会和环境都带来了可持续性改善。从2003年开始，该项目与3 000名经仔细挑选出来的生产者进行合作，以证明该模式是可行的。之后，又增加了参与生产者的数量，在项目最后一年（2009年），达到了6 000名，来自10个合作社。所有这些生产者都能够提高生产率和咖啡质量，因此，都能够卖得多，价格好。该项目不仅使国家的出口数量增加，而且也提高了特种咖啡在咖啡出口总量中的比重。以尼加拉瓜为例，这一比重从2003年的30％攀升至2011年的50％。这样一来，家庭收入增长，就业增加，孩子可以获得更好的教育（因为众多受益者都把增加的收入投入到了孩子的教育上），以及环境足迹减少（因为咖啡湿加工阶段产生的废料减少了）。

　　来源：Fernandez-Stark和Bamber，2012。

原则八

　　可持续食品价值链的重点在于升级在价值链开发过程中，要将愿景和战略成功地转化为有效提高竞争力计划，要求开展一整套经过仔细评估的、通常具有创新性且切合实际的升级活动。

必须进行某种形式的（创新性）升级来提高价值链绩效（竞争力）。这种升级的目标是达到三重底线目标中的一个或多个：①通过提高效率或在终端市场创造的价值，提升盈利能力；②从广义角度，通过提高包容性，提升社会影响；③减少价值链整体的环境足迹。在今天的终端市场上，同时实现上述三个目标日益成为竞争力的决定因素。这使得创新需求增加，而对可持续性三重底线的权衡需求减少。

升级的形式多种多样，可以按照升级对象或升级目的进行分类。按升级对象可将升级分为：技术升级（例如，种子改良）、组织升级（例如，由农民组织批量采购种子）、网络升级（例如，通过订单农业将农民与投入物市场和最终产品市场联系起来）和制度升级（例如，种子改良法）。按升级目的可将升级分为：流程升级（例如，引入食品安全议定书）、产品升级/市场升级（例如，从传统市场到超市）和功能升级（例如，农民将运输纳入市场活动）。

在实践中，在价值链各个环节上或扶持环境中进行的升级应当具有整体性和协同性，这是制定升级战略的依据。这些升级必须解决妨碍愿景实现的所有关键约束条件。如果没能解决任何约束条件，那么，价值链开发的努力就会付之东流。必须事先评估所提出的每一项升级的盈利能力、社会和自然环境方面的预期影响。然而，虽然社会影响属于价值链绩效指标，但是，这些升级活动并不是社会支持计划，而是以广泛实现竞争力的可持续提升为目标的，即必须得有明确的经济激励才能使升级得以推广。

升级成功则表明，即使该战略只是针对小农中实力强、商业化程度高的群体，各种各样的利益相关者还是都会进行升级的。这就要求采用灵活的具有多样性的方法，因为价值链行为者不同，例如，年轻农民与年长农民、女性农民与男性农民、偏远地区的中小型农业企业与城市郊区的中小型农业企业，实力方面和激励方面的差异会很大。

虽然技术跃进（即绕过老技术，直接使用最新技术，例如，用手机转账，而不是去银行柜台）通常是一种令人兴趣盎然的选择，但是，改变必须是循序渐进的，因为如果同时发生太多改变或省略了至关重要的学习步骤，就可能妨碍对升级的推广。

案例分析原则 8：

布隆迪 ndagala 鱼价值链

案例规模很小，但该案例却说明，影响的可持续性可以通过简单而高效的技术升级来实现。ndagala 是从坦噶尼喀湖中捕捞的一种鱼，外形像沙丁鱼。这种鱼被晾干后在当地销售。这是布隆迪最重要的咸鱼产品。

2004 年，粮农组织发现，ndagala 鱼价值链的一个关键瓶颈是把鱼直接放在沙滩上晾干，于是，就发起了一个项目，引进了立式金属丝网晾干架，并对生产者进行培训，教他们如何制作并使用这种晾干器。直接把鱼放在沙滩晾干，既不卫生，速度也慢，造成了严重的产后损失。而使用立式金属丝网晾干架，可以把晾干速度从 3 天缩短到 8 小时，从而使加工企业能够更好地应对供应高峰。这种晾干架距地面 1 米，晾在上面的 ndagala 鱼就不太可能被污染或被昆虫叮咬，下雨的时候也更容易遮盖。这项技术也不属于劳动密集型。

2013 年，这一简单的项目结束 9 年之后，对 ndagala 鱼价值链进行了回顾，发现升级在各个层面都具有可持续性。在立式金属丝网晾干架上晾干的鱼售价比在沙滩上晾干的鱼贵一倍，而产后损失也低得多，可以进入的市场也更多。这些效益轻松地抵消了立式金属丝网晾干架的制作成本，大幅提高了生产者的收入。2004—2013 年，生产者把架式晾干法的使用面积从 1 公顷扩大到了 5 公顷，并且继续自行管理着一个架式晾干培训中心。在加工环节和分销环节创造了新的工作，一方面推广这项新技术，另一方面提高晾干鱼的产量。直接参与架式晾干生产经营活动的大部分为妇女，人数从 2004 年的 500 人增加到 2013 年的 2 000 人。

同时，供应给消费者的 ndagala 咸鱼在味道、安全、肉质、数量等方面有所改善，而且，由于保质期变得更长，因此，从地域上来讲，也打入了内陆市场。虽然供应量增加了，但捕捞量几乎没有增加，因此，对坦噶尼喀湖鱼类数量没有造成额外的压力。

来源：粮农组织，2013c。

因此，不管是升级本身的性质，还是完成升级的方式，都必须考虑到价值链行为者的多样性。这会要求使用新型的和创新的信息通信技术、金融产品、培训教育计划、逐步终止补助资金计划、改变市场基础设施、信息体系、延伸模型等。

纳入龙头公司与能够支持引入和推广创新性升级的公司，即能够推动改变发生的公司，是至关重要的。

例如，如果目标是为了价值链聚集功能升级，这一功能对小农生产者来说是至关重要的，那么，计划就必须重新评估中间商的作用，可能还要推广具有更好协同性的包容性商业模式，驱动力有来自目前适应了新环境的中间商、具有创业精神的龙头公司或新的市场营销中介机构。

> **政策及项目建议**
>
> 制订升级行动计划，行动计划要包含三重底线可持续性方法，但避免把纯粹的社会支持与经济发展目标混淆。
>
> 在推广的可能性和影响力的程度方面，设定切合实际的假设条件，为每一项升级建议建立清晰的盈利能力案例。
>
> 安排足够的时间和资源，完成必要的学习过程，并确保短期项目方法有明确的退出策略。

原则九

可持续食品价值链开发具有可衡量性要实现规模，即蜕变，要求干预应当针对杠杆点或应当基于切合实际的假设条件进行论证和复制。

价值链开发并不是在小范围地理区域内与少数价值链行为者进行合作（"富足的卓越小岛"），而是以实现规模影响为目标。这意味着提高价值链大部分潜在的商业性行为者的盈利能力，创造数千个工作，以两位数百分比的增长速度增加出口或替代进口（"产生效果"）。为了达到这种影响程度，促进计划和支持计划必须借助体系中的杠杆或某项特定升级的乘数效果实施。体系中的杠杆包括政策、大公司行为、制度改变、提供商业开发服务等；升级的商业可行性已经被证明、论证和公布，并且，升级可以通过复制加以推广。杠杆和复制可以进行结合，以实现规模，在当地的小的公司层面被证明可以取得成功的模式可以被国家层面的组织（例如，协会或大型农业企业）采用。

之所以规模是至关重要的，不仅仅是因为谁都想取得更广泛的（积极）影响，还因为通常情况下，经营规模越大，升级就越容易完成。规模经济的实现、交易成本的降低和市场力量的增强会极大地提高能力和提升动力，推动各种各样升级过程的进程。

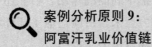

案例分析原则9:
阿富汗乳业价值链

乳业价值链特别适合扩大规模和加以复制。实现规模的扩大可以通过收购中心收购量增加来推动，收购量增加是供应商数量增加和奶牛养殖户数量增加的结果，奶牛养殖户奶牛养殖数量也是可以增加的。商业化牛奶生产可以提供稳定的现金流，稳定的现金流是供应商和养殖户的驱动力。此外，牛奶收购中心模式可以在新的区域进行复制，通过加工增加价值可以创造产生额外收入的机会。在这方面，粮农组织援助阿富汗的乳业整合方案中所采用的方法取得了巨大成功。

成功地为阿富汗的三个地区（马扎里沙里夫、昆都士、喀布尔）制订出乳业整合方案后，在赫拉特对该方案进行了第四次复制。在意大利政府的资助下，该方案在当地设立了独立的收购点，由农民合作社经营管理，还设立了饲料加工企业和牛奶加工企业。饲养1~5头奶牛的小型农民通过村级合作社自行组织起来，村级合作社又组成乳业联盟，乳业联盟把牛奶收购体系、饲料加工企业和牛奶加工企业作为垂直一体化体系同时进行管理，这样就把农民与市场直接联系起来了。附加值是这一模式取得成功的核心驱动力。在这方面，农民得到两个层面的协助：第一个层面，政府能力的提升和提供人工授精、推广服务等商业服务的私营部门能力提升；第二个层面，乳畜业投入物的改进。牛奶加工企业生产出来的最终产品包括瓶装或袋装巴氏杀菌鲜奶、酸奶、奶油、酪乳、奶酪等高附加值产品。

这一方案的实施期限为2007—2013年，超过2 000名农民组成12个合作社参与了方案。平均来说，农民的牛奶供货量从每天4升增加到每天12升。饲料加工企业既向联盟内成员销售，也向非联盟成员销售，生意越做越好，截至2012年底，现金储备超过10万美元。牛奶加工企业对该方案整体的商业可行性是至关重要的，虽然建成时间推迟了，但建成后产量一直稳步提高，截至2013年，产能利用率已达到60%（即已达到商业可行性要求的标准）。并且，由于其产品的品质优异以及客户忠诚度高，该方案甚至经受住了乳制品进口商掠夺性定价策略的冲击，因此，进一步证实了其对市场冲击的适应能力。

尽管外部支持于2013年结束，对赫拉特乳业一体化方案的预期还是完全乐观的，该方案会像前三个方案那样取得成功。前三个方案自2010年以来就一直处于独立运行状态。从社会可持续性角度来说，赫拉特乳业一体化方案尤其使妇女受益，生乳销售收入的约90%都是由妇女接管，妇女将这笔钱用于家庭的吃穿、医疗以及教育。

来源：粮农组织，2013d。

规模包括纵向和横向两个层面。一般来说，如果价值链某一环节的规模扩大了（例如，大型连锁超市的崛起），那么，对于价值链其他环节规模的扩大来说（例如，农民合作社的兴起），这既创造了机会，也带来了挑战。价值链从有很多行为者进行很多小额交易演变为只有少量行为者进行少量大额交易，规模扩大既带来创新和动力机制，也是创新和动力机制的驱动力。

政策及项目建议

基于切合实际的假设条件，论证价值链开发如何在可持续性的三个维度扩大影响规模（以及影响规模可能会有多大）。

原则十

可持续食品价值链开发具有多边性。实现食品价值链的成功升级，要求私营部门与公共部门、捐赠者以及民间社会进行协同合作，私营部门作为推动者，公共部门、捐赠者以及民间社会作为促进者。

鉴于价值链整体绩效依靠的是各种各样的组织，如果各利益相关方为绩效提升计划共同努力，且所起的作用具有明显的差异化，那么，绩效提升计划就很有可能取得较大的成功。而那些期望公共部门或私营部门几乎单方面承担负担的发展办法在很大程度上已经失败了。

20世纪六七十年代，政府被普遍认为是关键驱动力，进口替代战略的实施和市场营销管理部门的管理通常都是由政府做的。这种方法被证明在财政上不具有可持续性。20世纪80年代实施的结构调整计划将这一负担转移给了私营部门。

在私营部门成为驱动力但没有达到预期效果之后，20世纪90年代，非政府组织开始参与进来。2008年粮食价格危机使人们看到了主食价值链一直存在的缺陷，公共部门又倾向于重新直接介入价值链，并再一次成为驱动力。但这一次未必会比20世纪60年代有多成功。

因此，这就需要探索明确的多边方法，以克服各种各样的单边方法的各种缺陷。最有潜力的基本模式是，在共同愿景和整体战略的推动下，私营部门和公共部门在各自的领域起到带头作用。私营部门应当成为增加附加值的驱动力，例如，满足食品产品需求、创造体面工作、增加股东价值、把价值链的环境足迹降至最低；公共部门，包括捐赠者和民间社会，起到的是促进和监管的作用，重点在于改善商业扶持环境，例如，法律规章、公共基础设施、政策和研发。

这种模式代表的是开发支持方法的变化，从短期的公共资助项目变成长期的联合资助伙伴关系。公共部门并不是直接介入核心价值链和自上而下强行升级，而是只起到促进作用，让私营部门（企业家）发挥驱动力作用。

促进可以是比较长久的努力，例如，选择性延伸服务、市场信息服务，可以是以"刺激发展"为目的的临时性（刺激性）举措，例如，创业支持（比如贷款担保、一次性赠款、逐步终止的凭单计划），还可以是促进私营部门内部建立新的联系（中立中间人）。

虽然牵头人是公共部门，但这些促进工作最好以公私合营的形式开展。当公共部门直接参与价值链时，例如，为政府各部门、紧急食品援助或食品储备购买食品，公共部门可以利用采购影响力促进升级活动的开展，从而使食品价值链中的目标行为者在私营食品市场上变得更有竞争力，并对经济、社会和环境这三重底线产生极大的影响。

价值链开发需要时间，重点在于在价值链各个环节持续创造长期共享价值，由最终食品产品的无形质量体现出来。因此，从本质上说，各种利益相关者之间的协同是具有持续性的，可以通过建立公私合营模式和行业间协会加以促进。行业间协会，也叫做价值链委员会或商品委员会，包括在竞争前空间开展合作的价值链各个环节的利益相关者如行为者、服务供应商、政府。

这些多边协会促进了与所有利益相关者所面临的挑战相关的信息交换和学习，提供了交流和形成共识的平台，利益相关者可以制定共同愿景和战略。通过依法设立以及私营部门作为主要驱动力，多边协会还可以在很多方面发挥作用，其中包括委托研究、制定行业操作规范或行业操作标准、开展宣传推广活动或倡议活动。倡议活动也具有全球性，公共部门代表和私营部门代表齐心协力，共同应对对他们产生影响的区域性或全球性治理制度，例如，国际食品标准。

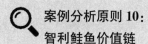

案例分析原则 10：
智利鲑鱼价值链

　　智利鲑鱼价值链的崛起及其适应能力主要是公共部门与私营部门加强合作并长期致力于共同愿景的结果。然而，环境挑战仍然存在。

　　崛起

　　智利鲑鱼价值链的崛起可以追溯至智利基金会，该基金会由智利政府和美国国际电话电报公司于 1976 年创办，是一个非营利技术智库。智利在鲑鱼养殖业拥有比较优势（例如，气候适宜、沿海水域资源丰富），促使智利基金会于 1982 年创办了 Salmones Antárctica 有限责任公司。该公司与农民、政府部门（如负责许可、卫生标准等工作）和公共研究机构（如负责饲料配方等工作）紧密合作，经过长期而艰苦的尝试与纠错，最终证明智利的鲑鱼养殖业具有了商业可行性。从此，私营部门投资快速增加，鲑鱼价值链开始成长，成效显著。智利成为仅次于挪威的世界第二大养殖鲑鱼生产国。出口额增长了 8 倍，从 1993 年的 2.91 亿美元上升到 2008 年的 24 亿美元。1994—2004 年，高附加值产品（例如，熏鲑鱼排，而不是去头去尾的鲑鱼段）在整个鲑鱼产业出口总额中的占比从 23% 提高至 69%。虽然鲑鱼养殖业的扩张使传统捕捞渔业的就业机会有所减少，但是，延伸价值链创造了约 4.5 万个提供稳定收入的新工作机会（2006 年估计数据），对减轻贫困产生了极为积极的影响。

市场弹性

2007 年暴发了严重的传染性疾病，暴露了快速成长的鲑鱼价值链在疾病防控措施方面存在严重的不足。公共部门和私营部门齐心协力，做出快速反应，确保了这些措施的实施和执行，从而阻止了因疾病造成的产量的下降。同时，经过政府、行业和金融部门等的长期努力，形成了新的生产模式，制定了新的法律规章，极大地加强了价值链的运行控制及其流程标准的合规。

社会环境挑战

智利的鲑鱼价值链是否代表了具有全面可持续性的食品价值链尚不清楚，因为对环境问题（对海洋生态系统的影响）和社会问题（工人待遇）还没有进行充分的评估。但是，2013 年，几个智利养鱼场获得了最佳水产养殖规范认证，这似乎表明，环境问题和社会问题正在得到解决。

来源：联合国贸易和发展会议，2006；Alvial 等，2012；Niklitschek 等，2013；www.seafoodsource.com（2013 年 7 月访问）。

政策及项目建议

承认公共部门、私营部门和民间社会在食品价值链升级方面所起的作用是互补的和协同的，并促进共同愿景的达成和共同战略的制定。

促进公共部门、私营部门和民间社会建立持续伙伴关系。

第五章 潜力和局限性

价值链开发方法所反映的是从发展的角度对过去 30 年实践进行思考和借鉴而逐步积累下来的成果。价值链开发方法所提供的是一个具有广泛适用性和灵活性的框架，在经济发展挑战方面，具有广泛的相关性和适应性。价值链开发的重点在于解决绩效不佳的体系的根本问题，这确保了所制定的发展战略和计划（政策、支持计划）具有可持续地高效而显著地解决贫困问题和食品安全问题的潜力。

然而，与价值链开发方法的普遍性形成较大反差的是，对于价值链开发所产生的影响是否比其他可选方法，例如，重点解决体系外的具体问题的方法、将社会目标和发展目标结合到一起的方法，所产生的影响更大，几乎没有人做过什么批判性反思。

这一问题部分在于，在价值链开发方面，通常难以把结果和影响联系到一起，例如，把减轻贫困和活动联系到一起，也难以对结果的范围和可持续性进行评估。原因就在于，一方面，价值链具有内在的复杂性；另一方面，实际上，影响是经常产生的，只能在支持计划结束之后，才能对影响进行衡量。因此，对影响进行衡量要求进一步提供资助。这就造成了成本的上升，进而减少影响评估的实施次数。例如，通过对 30 个捐赠者资助项目进行研究，Humphrey 和 Navas-Aleman 于 2010 年发现，除了简单的项目活动和产量核查，几乎没有对影响做出独立的系统评估。此外，对价值链干预对发展所产生的影响进行评估似乎很快沦为轶事证据和痴心妄想。这是价值链开发中存在的不足，尚未得到解决。

在实践当中，价值链开发并非没有挑战和局限性。这些挑战和局限性包括：

第一，对价值链开发这一概念没有形成统一的认识，对如何落实这一概念也没有达成共识。例如，通过在联合国体系内对价值链方法进行批判性回顾，Stamm 和 von Drachenfels 于 2011 年发现，成员机构对价值链开发模型都没有形成清晰的可用于内部广泛推广的定义。而这反过来破坏了对外透明度。

由于缺乏普遍了解，很多开发工作只是被贴上了价值链这一时髦的标签，却违反了本手册所定义的一个或多个价值链开发原则。例如，没有解决根本问题，没有从明确的市场机会入手创造附加值，没有针对具有商业可行性潜力的农场和农业企业（而是把重点完全放在了自给农业）。这样的开发工作不应被贴上价值链标签，通常还存在来自公共部门的太多的直接干预，或者，严重依赖公共支持，却没有明确的或切合实际的退出策略。

第二，价值链开发的重点通常仍然是放在经济方面和财政方面，即使考虑了社会方面和环境方面，也只是将其放在次要位置。虽然这一点目前有所改观，但是，确保升级价值链在社会方面和环境方面具有可持续性，还是要求进行具有自觉性的努力。在缺乏统一认识的情况下，可能出现的风险是，价值链开发与社会支持计划或环境保护计划混淆，而三者的性质却有着根本的不同。

第三，价值链开发是一个复杂而耗时的过程，走捷径是要付出代价的。但是，在实践中，时间和其他资源常常不足以对复杂的价值链体系进行整体评估，从而造成项目开发和开发计划存在设计缺陷。信任和学习是价值链开发中的两个关键要素，但并不是一夜之间就能出现的。

经济活动，特别是农业食品领域的经济活动，具有周期性，既消耗时间，又面临可以造成挫折的外部冲击，例如，干旱、社会动荡和政治变化。食品价值链开发一般是在结构僵化的短期项目（3～5 年）支持下进行的，这就在操作层面使这一问题严重化，这同时也说明，对于可持续食品价值链开发来说，建立长期的合作伙伴关系可能才是最佳的出路。

第四，价值链开发是一个片段化的"单次单链"的过程，存在三个被广泛承认的盲点：

（1）行为者决策。之所以很多针对食品价值链的开发工作没有取得具有可持续性的影响，是因为工作重点过于狭隘地放在了手中的商品上，在农场层面尤其如此。一般来说，农民不会专门种植单一作物（由于轮作等原因）或只关注农作物产量（而是将农作物产量与家畜出栏量或渔场产量结合起来看）。农民对某一特定价值链的决策取决于农民对其他价值链的决策。要想在某一条特定价值链上改变农民的行为（例如，让他们向某一特定市场销售玉米），就非常需要促进另一条价值链也发生变化（例如，为大豆提供市场机会）。换句话说，需要将农业体系思维融入食品价值链开发工作当中。

（2）价值链开发与食品体系开发。想要通过促进某一特定价值链的成长在发展方面取得广泛的影响，就要求在食品体系的层面上以更广泛的视角考察所有食品价值链之间的相互作用。例如，玉米生产机械化可能会造成耕种层面的工作减少，而玉米生产机械化在价值链其他环节创造的新的工作可能还不足以弥补；开发棕榈油价值链，供应生物能源市场，可能会占用用于粮食生产的土地，进而推高粮食价格，破坏整体粮食安全。由于这些是社会不希望出现的结果，因此，需要谨慎选择目标价值链，还需要制订补充计划，使开发某一特定价值链所预期产生的消极影响能够被同步进行的食品体系内部其他开发活动，以及外部开发活动（非食品价值链开发、自主创业、贸易等）抵消。

（3）价值链之间的协同效应。要使各种食品价值链在可持续性方面取得良好的绩效，很大程度上取决于它们之间的相互依赖性。这样的例子包括：聚集各种食品价值链的需求，就有可能创造出临界点，使某些服务或投入物的供应具有商业可行性或财政可行性；把一年当中不同时间生产不同原始农业商品的各种价值链联系在一起就有可能全年都有材料供应用于加工，从而使某些类型的加工具有经济可行性；把不同的食品价值链中具有可比性的环节（例如，食品加工领域）聚集在一起，就有可能刺激相互借鉴，并有可能为食品体系整体创造一个重要的节点杠杆点；某一特定的食品价值链生产的副产品在其他（食品或非食品）价值链中拥有市场，就有可能极大地影响获得支持的价值链的盈利能力。需要尽可能多地创造和充分利用这样的协同效应。

总之，一些问题已经超出了价值链概念的范畴。这些问题包括：随着价值链变得越来越有竞争力，为实际上没能被包容的农民和中小型农业企业提供协助；有效且高效地提供公共产品和公共服务，而不是只针对某种特定商品；营养在消费者健康方面所发挥的作用；自然资源管理以及国家层面的粮食安全。价值链开发方法存在的这些各种各样的局限性强烈要求公共部门广泛参与国家发展计划、转型战略、安全网及其他社会支持机制、营养意识活动以及有针对性的环境计划，不仅可以补充价值链开发工作，甚至还可以指导价值链开发工作。

粮农组织可持续食品价值链开发系列手册旨在着手解决上述挑战。本手册属于该系列手册的一部分，也是该系列手册中首次出版的部分。本手册就促进以下几方面工作进行了解释说明，并提出了实用的建议：更好地制定政策，更好地设计并实施项目和计划，提高可持续食品价值链开发影响可持续性评估的频率和质量。

第六章 结 论

可持续食品价值链开发的最终目标是为当代和后代广泛提高社会福利做出巨大贡献。针对食品体系中各种价值链的具体情况，本手册呈现了概念、分析框架、开发模型和十项原则，明确包含了附加值概念和可持续性概念的多维度性质。

价值链附加值体现在以下五个方面：从广义上来说，资产所有者回报、工资收入、消费者利益、税收以及环境影响。对附加值概念的解析使绩效评估不再局限于竞争力和对小型农民的包容。而是同时从可持续性的三个维度对影响进行评估：经济维度、社会维度和环境维度。广泛的财富积累、所创造的直接工作和间接工作的数量及性质、食品供应的改善、税基的加强以及食品生产分销的环境足迹的降低都为食品价值链的绩效做出了贡献。

价值链开发并不能解决食品体系中的所有问题。食品价值链不能为所有人提供收入，不能在食品体系层面做到权衡，不能完全避免消极的环境影响。这就需要公共计划和国家发展战略来解决这些局限性。然而，公共计划和国家发展战略所需资金主要来自价值链所产生的税收，因此，一般要把价值链开发，特别是可持续食品价值链开发，放在旨在长期减轻贫困和饥饿的任何战略的核心位置。

参　考　文　献

Alvial , A. , Kibenge, F. , Forster, J. , Burgos, J. M. , Ibarra, R. &St-Hilaire, S. 2012. *The recovery of the Chilean salmon industry：The ISA crisis and its consequences and lessons.* St. Louis，MO，USA，The Global Aquaculture Alliance（available at http：//www. gaalliance. org/cmsAdmin/uploads/GAA _ ISA-Report. pdf）.

Bain, J. S. 1956. *Barriers to new competition.* Cambridge，MA，USA，Harvard University Press.

Barrett, C. B. 2008. Smallholder market participation：Concepts and evidence from Eastern and Southern Africa. *Food Policy*，33（4）：299-317.

Berry, R. A. &Cline, W. R. 1979. *Agrarian structure and productivity in developing countries.* Baltimore，MD，USA，The Johns Hopkins University Press.

Blanchard, D. 2010. *Supply chain management best practices.* 2nd ed. Hoboken，NJ，USA，Wiley.

Blue Skies. 2010. *Making fruit happy. Blue Skies Sustainability Report 2008/ 2009.* Pitsford，Northamptonshire，UK，Blue Skies Holdings（available at http：// www. blueskies. com/happyfruit. pdf）.

Blue Skies. 2012. *The JEE Report 2010-2011. Our blue print for a sustainable business.* Pitsford，Northamptonshire，UK，Blue Skies Holdings（available at http：//www. blueskies. com/jee. pdf）.

Bowersox, D. , Closs, D. , Cooper, M. &Bowersox, J. 2013. *Supply chain logistics management.* 4th ed. New York，USA，McGraw-Hill.

Carter, M. R. 1984. Identification of the inverse relationship between farm size and productivity：An empirical analysis of peasant agricultural production. *Oxford Econ. Pap.*，36：131-145.

CPDA. 2008. *Report on the small-scale tea sector in Kenya.* Nairobi，Christian Partners Development Agency（available at http：//somo. nl/publications-en/Publication _ 3097）.

Concepcion, S. D. , Digal, L. &Uy, J. 2007. *Innovative practice Philippines：The case of Normin Veggies in the Philippines.* Regoverning Markets Innovative Practice series. London，International Institute for Environment and Development（available at http：//pubs. iied. org/pdfs/G03259. pdf）.

Cornia，G. A. 1985. Farm size，land yields and the agricultural production function：An analysis for fifteen developing countries. *World Dev.*，13（4）：513-534.

Costello，C.，Demont，M. &Ndour，M. 2013. Marketing local rice to African consumers. *Rural* 21，47（1）：32-34.

Demont，M. 2013. Reversing urban bias in African rice markets：A review of 19 national rice development strategies. *Global Food Secur.*，2（3）：172-181.

Demont，M. &Rizzotto，A. C. 2012. Policy sequencing and the development of rice value chains in Senegal. *Dev. Pol. Rev.*，30（4）：451-472.

Donovan，J.，Cunha，M.，Franzel，S.，Gyau，A. &Mithöfer，D. 2013. *Guides for value chain development - a comparative review.* Wageningen，The Netherlands，CTA，and Nairobi，World Agroforestry Centre.

Ericksen，P. J. 2008. Conceptualizing food systems for global environmental change research. *Global Environ. Chang.*，18（1）：234-245.

FAO. 2006. *Food security.* Policy Brief，Issue 2. Rome.

FAO. 2009. *The potato supply chain to PepsiCo's Frito Lay in India*，by M. Punjabi. Unpublished report. Rome.

FAO. 2012. *Smallholder business models for agribusiness-led development：Good practice and policy guidance*，by S. Kelly. Rome.

FAO. 2013a. *Organic agriculture：African experiences in resilience and sustainability*，edited by R. Auerbach，G. Rundgren&N. El-Hage Scialabba. Rome.

FAO. 2013b. *Making Kenya's efficient tea markets more inclusive.* MAFAP Policy Brief # 5. Rome（available at http：//www. fao. org/docrep/018/aq657e/aq657e. pdf）.

FAO. 2013c. *Simple fish-drying racks improve livelihoods and nutrition in Burundi.* Rome.

FAO. 2013d. *Development of integrated dairy schemes in Herat.* GCP/AFG/046/ ITA. Report of Final Review Mission 9-25 December 2012. Rome，Office of Evaluation，FAO.

Feller，A.，Shunk，D. &Callarman，T. 2006. *Value chains vs. supply chains.* BP Trends，March 2006（available at http：//www. ceibs. edu/knowledge/papers/images/20060317/2847. pdf）.

Fernandez-Stark，K. &Bamber，P. 2012. *Assessment of five high-value agriculture inclusive business projects sponsored by the Inter-American Development Bank in Latin America.* Durham，NC，USA，Center on Globalization，Governance and Competitiveness, Duke University.

Gereffi, G. & Korzeniewicz, M. (eds). 1994. *Commodity chains and global capitalism.* Westport, CT, USA, Praeger, pp. 95-122.

Gereffi, G., Humphrey, J. & Sturgeon, T. 2005. The governance of global value chains. *Rev. Int. Polit. Econ.*, 12 (1): 78-104.

GIZ. 2011. *Financing agricultural value chains in africa - a synthesis of four country case studies.* Bonn, Germany.

Gómez, M. I., Barrett, C. B., Buck, L. E., De Groote, H., Ferris, S., Gao, H. O., McCullough, E., Miller, D. D., Outhred, H., Pell, A. N., Reardon, T., Retnanestri, M., Ruben, R., Struebi, P., Swinnen, J., Touesnard, M. A., Weinberger, K., Keatinge, J. D. H., Milstein, M. B. & Yang, R. B. 2011. Research principles for developing country food value chains. *Science* 332 (6034): 1154-1155.

Haggblade, S. J. & Gamser, M. S. 1991. *A field manual for subsector practioners.* Bethesda, MD, USA, GEMINI (available at http: //www. microlinks. org/sites/microlinks/files/ resource/files/A%20Field%20Manual%20for%20Subsector%20 Practioners. pdf).

Haussman, R., Rodrik, D. & Velasco, A. 2005. Growth diagnostics. *In* N. Serra & J. E. Stiglitz, eds. *The Washington Consensus reconsidered*, pp. 324-354. Oxford, UK, Oxford University Press.

Heltberg, R. 1998. Rural market imperfections and the farm size-productivity relationship: Evidence from Pakistan. *World Dev.*, 26 (10): 1807-1826.

Hobbs, J. E., Cooney, A. & Fulton, M. 2000. *Value chains in the agri-food sector.* Saskatoon, Saskatchewan, Canada, College of Agriculture, University of Saskatchewan.

Humphrey, J. & Navas-Aleman, L. 2010. *Value chains, donor interventions and poverty reduction: A review of donor practice.* Brighton, UK, Institute for Development Studies.

Ikerd, J. 2011. Essential principles of sustainable food value chains. *J. Agr. Food Syst. Community Dev.*, 1 (4): 15-17.

ILO. 2007. *Toolkit for mainstreaming employment and decent work.* Geneva, Switzerland, International Labour Organization.

ILO. 2011. *Social protection floor for a fair and inclusive globalization.* Geneva, Switzerland, International Labour Organization.

Jackman, D. & Breeze, J. 2010. *A guide to inclusive business.* London, The International Business Leaders Forum.

Kaplinsky, R. & Morris, M. 2000. *A handbook for value chain research.* Ottawa, International Development Research Center.

Knopp, D. &Foster, J. 2010. *The economics of sustainability*. The Woods Family Trust and the Gatsby Trust (available at http: //www. idhsustainabletrade. com/ site/getfile. php? id=331) .

Kubzansky, M. , Cooper, A. &Barbary, V. 2011. *Promise and progress - market-based solutions to poverty in Africa*. Mumbai, India, The Monitor Group (available at http: // www. mim. monitor. com/downloads/PromiseAndProgress-Full-screen. pdf) .

Lauret, F. 1983. Sur les études de filières agroalimentaires. *Écon. et Soc.* , 17 (5): 721-740.

Lazzarini, S. G. , Chaddad, F. R. , &Cook, M. L. 2001. Integrating supply chain and network analyses: The study of netchains. *J. Chain Netw. Sci.* , 1 (1): 7-22.

Lee, R. G. , Flamm, R. , Turner, M. G. , Bledsoe, C. , Chandler, P. , De Ferrari, C. , Gottfried, R. , Naiman, R. J. , Schumaker, N. , &Wear, D. 1992. Integrating sustainable development and environmental vitality: A landscape ecology approach. *In* R. J. Naiman, ed. *Watershed management: Balancing sustainability and environmental change*, pp. 499-521. New York, USA, Springer-Verlag.

Lundy, M. , Becx, G. , Zamierowski, N. , Amrein, A. , Hurtado, J. J. , Mosquera, E. E. , &Rodríguez, F. 2012. *LINK methodology: A participatory guide to business models that link smallholders to markets*. Publication No. 380. Cali, Colombia, Centro Internacional de Agricultura Tropical.

Moustier, P. &Leplaideur, A. 1999. Cadre d' analyse des acteurs du commerce vivrier africain. Serie Urbanisation, alimentation et filières vivrières No. 4. Montpellier, France, CIRAD. 42 pp.

Neven, D. 2009. *Three steps in value chain analysis*. micro Note No. 53. Washington, D C, United States Agency for International Development (available at http: // www. microlinks. org/sites/microlinks/files/resource/files/mn _ 53 _ three _ steps _ in _ vc _ analysis. pdf) .

Niklitschek, E. J. , Soto, D. , Lafon, A. , Molinet, C. &Toledo, P. 2013. Southward expansion of the Chilean salmon industry in the Patagonian Fjords: main environmental challenges. *Rev. Aquacult.* , 5 (3): 172-195.

Porter, M. E. 1985. *Competitive advantage*. New York, The Free Press.

Porter, M. E. &Kramer, M. R. 2011. Creating shared value. *Harvard Bus. Rev.* , 89 (1/2): 62-77.

Reardon, T. &Timmer, C. P. 2012. The economics of the food system revolution. *Annu. Rev. Resour. Ec.* , 4: 14. 11-14. 40.

Reardon, T., Chan, K., Minten, B. &Adriano, L. 2012. *The quiet revolution in staple food value chains: Enter the dragon, the elephant and the tiger*. Manila, Asian Development Bank, and Washington, D C, International Institute for Food Policy Research.

Sayer, J., Sunderland, T., Ghazoul, J., Pfund, J.-L., Sheil, D., Meijaard, E., Venter, M., Klintuni Boedhihartono, M., Day, M., Garcia, C., van Oosten, C. &Buck, L. E. 2013. Ten principles for a landscape approach to reconciling agriculture, conservation, and other competing land uses. *Proc. Natl. Acad. Sci. USA*, 110 (21): 8345-8348 (available at http://www. pnas. org/content/early/2013/05/14/1210595110. abstract).

Seville, D., Buxton, A. &Vorley, B. 2011. *Under what conditions are value chains effective tools for pro-poor development?* Hartland, VT, USA, Sustainable Food Lab, and London, International Institute for Environment and Development (available at http://pubs. iied. org/16029IIED. html).

Staatz, J. M. 1997. *Notes on the use of subsector analysis as a diagnostic tool for linking industry and agriculture*. Staff Paper 97-4. East Lansing, MI, USA, Department of Agricultural Economics, Michigan State University.

Stamm, A. &von Drachenfels, C. 2011. *Value chain development: Approaches and activities by seven UN agencies and opportunities for interagency cooperation*. Geneva, Switzerland, International Labour Organization.

SunStar. 2011a. *Northern Mindanao group cites as market facilitator for small farmers*. (available at http://www. sunstar. com. ph/cagayan-de-oro/business/northern-mindanao-group-cited-market-facilitator-small-farmers).

Sun Star. 2011b. *The NorMinVeggies experience: Finding strength in consolidation*. (available at http://www. sunstar. com. ph/cagayan-de-oro/business/2011/11/16/norminveggies-experience-finding-strength-consolidation-190960).

The Hindu Business Line. 2012. *More Bengal farmers turn to Atlanta potatoes*. (available at http://www. thehindubusinessline. com/industry-and-economy/agri-biz/more-bengal-farmers-turn-to-atlanta-potatoes/article4203936. ece).

UNCTAD. 2006. *Transfer of technology for successful integration into the global economy: A case study of the salmon industry in Chile*. New York, USA, United Nations Conference on Trade and Development (available at http://unctad. org/en/Docs/iteiit200512 _ en. pdf).

USAID. 2009. *Global food security response: West Africa rice value chain analysis*. MicroReport ♯161. Washington, D C (available at http://www. microlinks. org/library/global-food-security-response-west-africa-rice-value-chain-analysis）.

van Engelen, A., Malope, P., Keyser, J. &Neven, D. 2012. *Botswana agricultural value chain project: Beef value chain study*. Rome, FAO, and Gaborone, Ministry of Agriculture, Botswana.

Webber, M. 2007. *Using value chain approaches in agribusiness and agriculture in sub-Saharan Africa: A methodological guide*. Report prepared for the World Bank by J. E. Austin Associates, Inc （available at http://www.technoserve.org/files/downloads/vcguidenov12-2007.pdf）.

Wiggins, S. &Keats, S. 2013. *Leaping and learning: Linking smallholders to markets*. London, Agriculture for Impact, Imperial College London （available at https://workspace.imperial.ac.uk/africanagriculturaldevelopment/Public/LeapingandLearning _ FINAL.pdf）.

World Bank. 2009. *World development report* 2009: *Reshaping economic geography*. Washington, D C.

World Bank. 2013. *World development report* 2013: *Jobs*. Washington, D C.

附件 价值链的相关概念

附件部分对与价值链相关的几个概念进行了简要描述。括号中的年份表明这些概念开始用在经济发展文献中的时间。虽然它们通常是可以互换使用的，但是，它们代表的理念是不同的。

商品链（*Filière* 或 *Commodity chain*）（20 世纪 50 年代）

从历史上说，商品链方法主要是从技术的角度将生产体系与大规模加工和最终消费联系在一起。商品链描述了实体产品从一个行为者流向另一个行为者的过程并将其量化，还对运输、仓储物流、产品搬运加工的技术转化率等方面进行了评估。该方法起源于前法属殖民地，当时被用来改进咖啡、可可、棉花等商品的出口链。20 世纪 80 年代以来，该方法得到了扩展，包括以下方面：行为者产生收入以及收入在行为者之间的分配，行为者行为模式（激励和能力），集体行动，市场力量，价值链整体治理，包括部门组织和部门制度，以及对整体经济的溢出效应。这样一来，商品链概念就与价值链概念变得很相似。

主要参考资料：Lauret，1983；Moustier 和 Leplaideur，1999。

界别分组（*Subsector*）（20 世纪 70～80 年代）

（基于食品的）界别分组方法通常从某一特定的农业原材料入手（例如，玉米），描绘出各种各样的竞争渠道，并对其进行量化和分析。农业原材料就是通过这些渠道转变成中间产品和最终产品，进入相应的市场。与商品链分析方法相比，竞争渠道概念使得对界别分组内部所发生的竞争变化形成更深刻的认识。每一个竞争渠道都是根据特定技术和贸易关系进行定义的。界别分组被视为一个动态体系，经济行为者的多样性及其在各种渠道中的地位是被承认的。从界别分组整体、界别分组内部行为者位置（特别是微小企业）和界别分组内部行为者之间的关系角度出发，界别分组方法找到了杠杆点，从而可以制定出成本效益高、包容性强的发展战略。这样看来，界别分组方法成为价值链概念的前身，但缺乏价值链概念对治理、全球化和专注终端市场这些要素的明示处理。

主要参考资料：Haggblade 和 Gamser，1991；Staatz，1997。

供应链（*Supply chain*）（20 世纪 80 年代）

供应链是多个公司间的合作安排，旨在以合作的方式，通过实现以下五项关键流动创造价值：产品流动、服务流动、信息流动、金融流动和知识流动。[①] 物流是产品和服务在供应链中流动的首要管道，跨度可以从原材料的原始生产一直到零售门店终端产品呈现。供应链包括包装、信息系统、设备和实施能力、运输、仓储、规程、保险等方面。供应链评估既可以在单个公司的层面进行（采购、转化、分销），也可以在整个供应链的层面进行（例如，可追溯体系）。全球化趋势和工业化趋势给供应链管理既带来了难得的机遇，同时也使供应链管理面临极大的挑战。20 世纪 80 年代，供应链概念进入实践阶段。

参考资料：Feller，Shunk 和 Callarman，2006；Blanchard，2010；Bowersox 等，2013。

波特价值链（*Porter's value chain*）（1985 年）

与本手册所呈现的价值链概念不同，波特价值链概念是建立在公司层面的概念（Porter，1985）。特别是，波特价值链概念促进了对公司独特性或潜在独特性的系统性评估，从而可以创造其竞争优势，使其能够以比竞争对手更低的价格销售质量相当的产品还能获得利润，或使其能够通过销售差异化产品比竞争对手获取更多的利润。所创造的附加值由公司（利润）和消费者（满意、省钱）共同分享。竞争优势及其带来的创造价值的机会通过五项主要活动（入场物流、出货物流、经营管理、市场营销、客户服务）和四项支持活动（公司基础设施、人力资源管理、技术开发、采购）来挖掘或创造。这样，波特价值链概念就成为一种商业策略工具，其主要目标是帮助管理层决定如何提升公司的竞争力，赚取更多的利润。波特价值链概念并没有从整个价值链的层面对附加值做出评估。最近，波特价值链概念进行了扩展，吸收了价值共享模型，从更加广泛、更加长期的角度看待竞争价值的创造（Porter 和 Kramer，2011）。特别是，波特价值

---

① 这里的知识指的是将信息用于实践的能力。

链概念把价值链上其他节点创造的价值也考虑了进去，尤其是为社会整体创造的价值，这既巩固了供应者与购买者之间的各种重要联系，也为消费者创造了价值。虽然针对单个公司进行竞争力评估和促进管理决策仍然是波特价值共享概念的两个核心目标，但是，价值共享概念还是拉近了波特价值链概念与本手册所讲的价值链概念之间的距离，在可持续性方面尤为如此。

全球商品链（*Global commodity chain*）（1994 年）

全球商品链概念把附加值概念和全球化概念结合到了一起，强调的是跨国公司的重要性日益增加以及跨国公司如何对跨越多个国家的生产网络和分销网络中的各种公司的活动进行协调（Gereffi 和 Korzeniewicz，1994）。这样，全球商品链概念突出了理解最终消费市场是价值链驱动机制的关键驱动力的重要性。影响价值链治理的三个主要因素包括：①对价值链各个环节所发生的交易进行协调而所需要的信息的复杂性；②将交易信息编纂成体系（例如，通过标准）的难易程度；③供应者有没有能力达到交易要求（Gereffi，Humphrey 和 Sturgeon，2005）。

网络链（*Net-chain*）（2001 年）

网络链概念把供应链概念和公司网络概念合并到了一起。网络链被定义为一个产业内部的一系列具有横向联系的纵向分层网络（Lazzarini，Chaddad 和 Cook，2001）。网络链概念重点关注的是组织间合作及其对协同、质量管理和最终的价值创造的影响。这样，网络链概念主要与价值链中的纵向联系和横向联系有关，附加值源自纵向层面和横向层面的结构完善（优化）：纵向治理、横向集体行动，以及行为者、支持与供应商之间的纵向联系和横向联系。对网络链概念的应用只是局限于经济发展领域。

（包容性）商业模式［（*Inclusive*）*business model* ］（2005 年）

与价值链概念相比，商业模式概念是一个狭义概念。商业模式概念主要在单个公司层面及如何实现价值获取和价值增长层面（例如，特许经营和直营是两种不同的零售拓展商业模式）进行探讨。在经济发展过程中，商业模式概念用来研究价值链中某一特定环节的性质。特别是针对食品价值链，重点放在了小农生产者及其直接客户之间的关系，这种关系虽然很重要，但通常又是整个价值链中最薄弱的。正在发生的食品体系革命迫切要求主食价值链和高附加值食品价值链要提高协同水平。这就使得传统中间商通过现货市场的无计划交易进行农业原材料采购的模式不再适用。这就要求开发出具有良好协同能力的新模式，要么是传统中间商担当新的角色，要么是新型市场营销中间商出现（例如，牵头的农民、新进入的专业化参与者、市场营销合作社）。通过包容新的融资方法、知识分享方法、投入物准入方法以及产品市场营销方法，这些创新的模式使包容众多的小农生产者成为可能，因此，就把这些模式称为包容性商业模式。从开发的角度看，另一个重要的环节是食品加工企业和贫困消费者之间的关系，产品创新和分销模式创新（例如，强化食品和新的零售网络）可以给贫困消费者带来买得起的健康食品（针对金字塔底层市场的包容性商业模式）。之所以商业模式方法在研究领域和现实应用领域的重要性越来越高，主要驱动力在于，与价值链方法相比，商业模式这一概念更易于管理，实施更快，而价值链方法所包含的要素比商业模式概念多很多（所有行为者、所有渠道、所有环境要素）。虽然商业模式重点放在了价值链某一特定环节的特定组成部分上，但是，与价值链开发一样，商业模式也是在寻找绩效不佳的根本原因，寻找升级策略的要素，不管它们存在于价值链或环境中的任何地方。

参考资料：Jackman 和 Breeze，2010；Kubzansky，Cooper 和 Barbary，2011；粮农组织，2012；Lundy 等，2012。

食品体系（*Food system*）（2008 年）

与食品价值链相比，食品体系是一个广义的概念，涉及满足一个群体食品需求所要求的所有过程和基础设施。食品体系包含影响特定食品市场的所有食品价值链（例如，某一个特定国家的特定食品市场）。这样，食品体系所增加的层面就是通过跨价值链开发共同要素所创造的协同，不管这些要素是某一价值链专属服务供应商（例如，物流公司），还是扶持环境要素（例如，土地所有权法），还是不同食品价值链之间的联系（例如，一个价值链的副产品成为另一个价值链的投入物）。食品体系可以有各种各样的子体系，例如全球子体系或当地子体系、传统子体系或有机子体系、大型子体系或专营子体系等。食品体系还增加了社会整体的视角，包括粮食安全、健康、营养、就业、研究、教育、自然环境保护、农业多重目标权衡（食品、饲料、燃料、纤维）等。因此，食品体系分为政治维度、经济维度、社会维度和环境维度。对食品体系进行整体分析是价值链开发中的重要一步，在价值链选择方面和公共支持计划影响最大化方面尤其如此。

参考资料：Ericksen，2008；Reardon 和 Timmer，2012。

景观体系（*Landscape system*）（2010 年）

景观体系方法把地理要素、自然要素和社会经济要素结合到了一起，以应对经济方面、社会方面和环境方面的挑战，尤其是与使用自然资源有关的挑战（生态系统保护）。景观体系方法旨在深入了解对自然资源（土地、水、动植物、空气等）的多种用途在某一特定位置是如何相互关联的，从而在此基础上制定出最有可能同时实现增加食品产量、提高家庭福利和降低环境足迹的战略。虽然景观体系方法并不是新开发出来的，但是，其重要性正逐渐提高。

参考资料：Lee 等，1992；Sayer 等，2013。